金森重樹◎著

窮到谷底才領悟到的

金錢の滋味

25歲打工仔
從負債1億2千萬、
年息24%的絕境中反敗為勝！

我的人生震撼教育，從欠下五千萬這一刻開始！

要想過平凡人的生活，已經是不可能了！

序 金錢的滋味

遠處，小女孩哼著兒歌……

錢是甜的　還是酸的……
錢是甜的　還是酸的……
錢是甜的　還是酸的……

猛一回神才驚覺自己身在東京巨蛋附近一間終日照不到陽光的陰暗公寓裡，在潮濕的被褥中一個人沈思。時間剛過正午。

我和弟弟兩個人出事後就搬到了這間三坪大小、沒有浴室，由原本舊倉庫泥巴地改建的陰暗房間。

事實上，根本就沒有唱兒歌的小女孩。我聽到的是水龍頭漏水，水滴以固定頻率敲打著生鏽水槽的聲音，還有抽風機發出的微弱聲響。因為陽光照不進來，所以沒開燈時房間漆黑一片，就算整天開著抽風機，濕氣還是在牆壁上凝結成水珠，無數的黴斑像圖案似的佈滿整面牆。

我這是在作夢吧？不，25歲沒有正職的我的確負債數千萬日圓，而且這些負債每小時都以驚人的速度不斷膨脹，息滾息、利滾利。

沒有收入做後盾，我的人生已經走到了絕境，這是任誰都看得出的事實。

我的財產只有一些衣物、書籍、散著臭霉味的被褥、一輛腳踏車和一台收音機。我們兄弟倆搬來這兒的時候，帶著紅帽子的司機似乎忍不住又確認了一次：「行李真的就只有這些嗎？」我手上空無一物。

房內的濕氣讓沒錢沒工作的我感到鬱悶不已，穿起臭烘烘的褲子，從小巷弄底端的公寓走到後樂園商店街的大路上，往距離幾分鐘腳程的飯田橋車站信步走去。

車站旁的神田川上有一座水泥造的舊橋，橋墩上鑲著一塊「飯田橋」的鑄牌，底下是緩緩流動的小水溝。水量漸少的神田川裡堆放著廢棄的腳踏車、壞掉的塑膠傘、家用洗潔劑的瓶子、以及其他數也數不清的垃圾，這時有一隻鱉從水裡探出頭來盯著我看。我也靜靜地回望牠。

想了千百遍，依舊還不起數千萬日圓的負債，也找不到任何解決的辦法。

真想變成一隻鱉……。

我想，就算是當一隻鱉在小水溝裡揮舞著手腳緩步游動，也比自己如今的處境要來得強。

這是我25歲時發生的事，是我花了十年時間才得以終結的惡夢。

當我受託寫一本以金錢哲學為題的書時，我怎麼也寫不出類似「成為一個幸福的有錢人」這樣的主題。它對我而言實在遙不可及，因為我過了十年被錢逼到要喝神田川臭水溝水的日子。

不費吹灰之力就可以成為幸福的有錢人，這到底有什麼好？

然而我現在的想法是，人不是非要下一次地獄才能上得了天堂。

把癒合的傷口再挖開來，並不是一件快樂的事。

不過想到這或許可以幫助那些現下和我之前一樣被債逼入絕境，怕被人知道，每天躲在暗處屏息過日的人們，我還是把它寫了出來。

25歲那年的某一天，我背負著數千萬日圓的債務，而這些債務因為令人眼花撩亂的高額複利不斷膨脹，變成了1億2千萬日圓。

於是，我被逼入了無法逃避、非解決不可的窘境。

啊～我真是個笨蛋……。

現在想想自己都覺得好笑，那時的我真是個笨蛋。

不過笨歸笨，這也是沒辦法的事。

身上背的這些債務還是得還。

我花了十年的歲月，靠著學到的理論與用錢賺錢的方法解決了這些債務。

這其中的過程也許對其他人來說並不是什麼了不起的大事，但我自身的金錢觀念卻因此而覺醒。

我相信這個覺醒一定可以幫助此時此刻為負債所苦的人們。

人生沒有跨不過的障礙，只有無數個不想跨越的障礙。

我在事情發生時也一直認為這個問題對自己來說太大太難，根本就不可能克服。

可是結果證明它並不是無法克服的障礙。

我認為人生中的種種磨難，都是上天依個人能力所給予的試煉。

因此，你所經歷的這個修煉，不論多大多難都一定可以克服。

當你碰壁的時候，或許可以參考我這個大笨蛋一路摸索找到的路。

我沒有一位指導我的老師，如果一定要說我的老師是誰，我會說「負債是我人生的老師」。

在那3000多個艱辛的日子裡，債務將我鍛鍊成鋼，不斷地試煉我的情感、能力與氣魄。

而且，當我使出全力將壓在身上的負債盡數推翻的同時，負債也送我份大禮補償這些辛苦的付出，那就是「用理論賺錢的能力」。

山谷越深，山就越高

一旦沈入泥沼的最底部，腳咚地一聲踩到了地，人就一定可以從那裡開始往上爬。

關於那跌跌撞撞的十年，我現在要把它說出來了。

那是連解決都不知該從何下手的問題。

對生命的「夢」和「希望」在我來說，就像是另一個世界的產物，想要「像常人一般的幸福」根本就是癡心妄想，矗立在眼前的是不斷膨脹的債務巨牆。

如果是在問題還未解決的時候說這些話，別人一定會認為我是在搏取同情吧。

所以至今我一直將這些話封存在內心深處。

不過，現在終於到了將它說出來的時候了。

此刻體悟的金錢滋味……。

「『貧窮並不可恥』，這是每個人都會掛在嘴邊的一句話，但沒有一個人用心體會它的涵義。」

——劇作家　柯則布（August von Kotzebue）

目次 | CONTENTS

第2章

怎樣才能變有錢人

——學校沒教的致富知識，如果能夠早一點知道就好了

第3章

負債愈滾愈大
——有沒有一條明路可以脫離四處碰壁的窘境？

第4章

一堂「無價」的人生課程

——原本看不清的企業賺錢訣竅，慢慢都能看清全貌

第5章

在谷底找到成功的法則

——我找到了成為億萬富翁的「重要」啟發！

第6章 「以毒攻毒」的翻身法
——金錢不是靠本能或直覺就可以獵取到的玩意兒

第1章

從買一件襯衫開始

人生中的磨鍊，都是上天依個人能力給予的試煉人和動物的不同之處，就是動物只能去適應自己所處的環境，相形之下，如果人覺得自己所處的環境，已經成為自己達成目標的絆腳石，人可以去左右環境、改變環境。
打開財富之門的鑰匙就隱藏在其中。

那段塵封已久的人生低潮

避諱的事實

人的記憶裡，記的都是順心如意的事。艱辛的事、悲傷的事，隨著時間流逝全都會忘得一乾二淨，不然就是被趕到記憶的最深處。

如果記憶不會隨著時間消失不見的話，那麼內心將會被艱辛和難過的記憶填滿，日子也就很難過得下去了。

在我的記憶深處裡，也同樣埋著一件不願想起的事。我在麻布的書齋裡，有一只搬家帶來的舊紙箱。

這紙箱是我的藏寶箱。

就是這箱子裡的東西將25歲靠打工維生的我推落人生的谷底，經歷與別人不一樣的人生。

此外，也是這箱子裡的東西讓我努力找出方法，賺取豐厚的收入。

這十年來，我一直記得書齋的一角有這麼一只箱子，但卻從沒想過要打開它。

白天工作時，我曾不經意地瞥見那只箱子。

每當想到箱子裡的東西，我的心總是揪成一團。

心裡的傷痛隨著時間漸漸癒合。我無時無刻不在抗拒著那段記憶，如今只要不把箱子打開，我幾乎已經無法確切想起從前發生的事了。

現在我決定打開箱子，從當時的記錄去回想那段往事，並和大家說說我的故事。

讓我痛苦的箱子

我撢去紙箱上佈滿的灰塵，撕開封箱的膠帶，將箱子打開，從箱中取出：

・詳細記錄事件始末的多本日記
・與事件有關的文件資料夾
・公證書四封
・多本市上販售的法律書籍

・與訴訟有關的卷宗

打開紙箱的那一瞬間，悶在箱中的空氣迎面襲來，還夾雜著些許東京巨蛋附近、終日不見陽光的陰暗公寓裡的霉臭味。

聞到那股霉味的同時，當時的記憶也甦醒了過來，我好像坐在雲霄飛車上，正要從最高點筆直落下一般，胃部感覺涼颼颼的。

在他人看來，這箱裡裝的東西沒有任何價值。四封公證書如今也成了不具任何效力的廢紙。然而對我來說，箱子裡收集的痛苦回憶正是我的財產。

我先從事件發生的當時講起，再依照訴訟相關的文件一一說明。

於是人生動了起來

塵封在紙箱中的訴訟相關文件，是我當時的委任律師按日期排列整理、一手打孔裝訂的。

原本天藍色的檔案夾經過了歲月的洗禮，顏色已逐漸褪去，如今變成了淺棕色。

「委託人　文京區後樂2－○－○　明里莊一樓　金森重樹」

委任律師在檔案夾的封面上寫下我那間公寓的地址。

同樣的一支筆，在地址下方還寫著：

「案件名稱　損害求償案件　東京地方法院民事第15部　平成8年第○○號」

另外，一些關係人的電話號碼、法院負責書記官的內線號碼以及其他種種瑣碎的情報，也都用原子筆寫在檔案夾封面的每個角落。

平常我只要看到「損害求償案件」或是「東京地方法院民事第15部」的字樣，就會心跳加速。

這個損害求償案件是我有生以來第一次經歷的訴訟。

檔案的第一頁記載著以下的文字。

「求償原因

原告於平成6年3月自大學畢業，目前沒有正職，靠打零工獨自生活。

原告在此之前不曾有過交易經驗，以當時每月實際收入僅24萬日圓的程度，並無能力從事如此高風險之投機行為。」

這裡指的原告就是我。

我到底是什麼人？

發掘自己

25歲的我沒有正職，靠打工維生。

我當時從鄉下來到東京的理由，是為了「到東京碰碰運氣」。

18歲的春天我從鄉下的縣立高中畢業。

自從2月大學入學考試結束之後，我生了場大病，一直到3月10日前後我都在床上躺著，每天的生活就是在被窩裡聽收音機過一天。

收音機裡播放的畢業主題音樂——南野陽子的新歌「嘆息的網」，我一天要聽上好幾次。

透過玻璃、照射在被褥上的溫暖陽光，把我睡覺的二樓房間晒得熱烘烘的。

我一邊打盹兒一邊想著：

我今後要做什麼呢？

要在東京出人頭地有什麼是必備的條件嗎？

學歷和賺錢有關係嗎？

職業和賺多賺少有什麼關聯呢？

我花了好幾天的時間反覆思索著這些問題的答案。可能是我自己直覺認為現在這個時候不想，以後就沒有機會去想了。

當時的我無法找到答案。

因為我的思考模式已經隨著一直以來的生活環境而扭曲變形，已經失去了它的功用。

水的形狀隨容器而改變

常言道：「水的形狀隨容器而改變。」我們從出生的那一刻起就深受週遭環境的影響，不論這些影響是好是壞。

只要對環境造成的影響毫無意識，就無法將這些影響阻絕在外，就只能得到環境制約下的答案。

這其中的困難點就在於察覺環境造成的影響，只要身處在該環境之中，要察覺這些影響是非常困難的事。因為我們會理所當然地看待自己所處的環境，就好像魚不會意識到自己一輩子都待在水裡一樣，一般而言我們根本不會注意到環境對自己造成的影響。

我們受到①父母兄弟、家人等家庭環境，②學校老師，③朋友，這三個群體的影響，漸漸養成自己對事物的思考模式與思考習慣。

其中影響最大的部份，就是讓我們無法成為有錢人的負面影響。

因為他們真實呈現出這世上大多數人都沒有錢的事實。

只要不擺脫這個影響，要成為有錢人就難上加難。

當時的我並不能理解這個道理。

我今後要做什麼呢？

要在東京出人頭地有什麼是必備的條件嗎？

學歷和賺錢有關係嗎？

職業和賺多賺少有什麼關聯呢？

當時的我18歲，在春天的被窩裡一直思索著永遠找不到答案的問題。

如果是現在的我，就會給當時的我這樣的回答。

人和動物的不同之處，就是動物只能去適應自己所處的環境；相形之下，如果人覺得自己所處的環境，已經成了自己達成目標的絆腳石，人可以去左右環境、改變環境。

依照自己的意念，將自己所處的環境改造成成功的必要環境。

打開財富之門的鑰匙就隱藏在其中。

父母保護的枷鎖

做父母的總是對子女悉心照顧、呵護備至，總想盡量讓孩子遠離危險與恐懼。這麼做在孩子長大成人之前是有助益的，孩子可以在雙親的保護下安全成長。在孩子經濟完全獨立之前，聽從父母的指示對孩子而言是件好事。但這些指示並不是讓孩子一生順遂的法則，它們只不過是孩子在經濟自主之前的安全選項罷了。

一旦經濟獨立了，就不應該盲目地聽從父母的指示。

就好像商場上最基本的一句話：「No Risk, No Return（無風險就無獲利）」，不冒任何風險，就得不到報酬。

一旦出了社會，父母的保護有助於規避風險，但也成了抑制報酬的枷鎖。你不是依賴父母的小孩，而是已經獨立的經濟個體。

如果覺得父母在金錢方面的建言，正引導你朝規避風險的方向移動，那麼你就沒有必要言聽計從。因為聽從這些建言會讓你步上父母後塵，也變成一個貧窮的人，尤其父母經濟狀況不佳的時候更是如此。

因為風險和報酬彼此互為交換的籌碼，規避風險也就意味著自己要放棄難得的獲利機會。

在我們的成長過程中，受父母的影響極其深遠。因此，如果要正視這一點，開始經濟自主的獨立生活，你就必須拒絕父母對你在金錢方面的判斷說三道四，將父母的影響排除在外。

當然，若是父母以過來人身份說的一些人生智慧，像是道德也好哲理也好，我們一定要洗耳恭聽。

如何才能從「貧窮的輪迴」中逃脫？

學歷社會的崩解

在我的記憶中，我們家幾乎不曾提及金錢的話題。

我想或許是因為我父母身為公務員，對金錢不太感興趣，也可能是因為父母避諱在家裡談錢。

說不定我父母認為在孩子面前講錢是不良教育，把錢掛在嘴邊會被以為是貪財的拜金主義者，很不光彩，所以刻意避免。

我的父母從不談錢，反倒是經常將如何邁向發達之路的法則掛在嘴邊。

「考進好學校就能找到好工作，如果在工作崗位上飛黃騰達的話就可以得到好收入，這樣一輩子就一帆風順了。」

這些話從小到大不知聽了多少次，所以在成長的過程中我一直深信不疑：「原來社會就是這麼一回事呀！」

小時候的我們根本就沒被告知用功讀書的真正意義何在。

就算有人告訴我們，我們應該也無法理解吧？

大人如果被問到為何要用功讀書，通常給的答案都是因為大多數人很窮。

這其中，「用功讀書＝過好日子」對孩子而言是比較容易理解的一個理由。

但真的是這樣嗎？

二次大戰後的日本來到了戰後重建、快速成長的年代，因為重建需要大量勞力，所以社會持續釋出管理職缺給高學歷的人。

日本發展經濟，當然需要大量的大學畢業人才。

這也抑制了開發中國家在快速發展過程中都會經歷的現象，也就是「大學畢業生眾多、人才需求量少，人才市場供需失衡導致的學歷貶值（學歷的價值變低）」。

父母成長的年代是十分重視大學學歷的學歷社會。

在那個時代，透過學歷，中下階層的子女有機會可以出人頭地，像是成為政府官員之類的，向社會地位較高的階層邁進。

然而，在經濟快速成長已經告一段落的1970年代，為了嬰兒潮世代的年輕人，新設立的大學如雨後春筍般地冒了出來，學歷社會早晚會因為激增的大學畢業人口而瓦解，這也是當時可以想見的結果。

大學學歷泛濫，自然就不值錢了。之後，學歷的價值每況愈下。

以前人都誇小孩說：「將來不是當博士就是做高官。」然而對現今的理科學生來說，博士只不過是生涯的起步罷了，博士讀完卻找不到工作的大有人在。

學歷和收入

既然學歷變得愈來愈不值錢，那麼在現今的時代，邁向發達之路的法則就完全不適用了嗎？

獨立行政法人勞動政策研究機構在「2006勞動統計加工指標」報告中記載了個人終生所得的數據。

每個人的終生所得是否會因為學歷的差異而有所不同呢？

以下是2003年男性一般勞動者用學歷別區分的個人終生所得。

學歷（單位：百萬日圓）	
國中畢業	196.7
高中畢業	210.4
大學畢業	235.4

乍看之下，學歷和終生所得似乎真有關聯呢！

於是他們決定試著調查學歷與終生所得之間的對應關係。詳細的計算過程在此不加贅述，結果求出的關聯係數是0.93。這個關聯係數的數值介於-1～1之間，其數字的定義如下：

0.0～0.2　幾乎沒有關聯
0.2～0.4　略有關聯
0.4～0.7　很有關聯
0.7～1.0　**非常有關聯**

學歷和終生所得的關聯係數是0・93，所以這兩者可說是息息相關。可是，會影響年收入的不單只有學歷一項。

「進得好學校才能找到好工作」

我想大家在說這句話時，意思是「找到好工作≒進入大企業」。

大企業因為沒有倒閉的風險，所以當然是好工作。

就算沒有高學歷，若是進得了大企業，或許也能有好的收入。

企業的規模與年收入

以下的數字是依企業規模類別做區分的終生所得。

企業規模	10～99人	100～999人	1000人以上
國中畢業	172・2	186・0	249・6
高中畢業	179・6	196・7	260・8
大學畢業	199・1	228・8	274・0

（單位：百萬日圓）

事實上就算是國中畢業，在1000人以上企業工作的員工，終生所得也比在999人以下企業工作的大學畢業員工要來得高。

根據這項勞動統計的原始數據「所得構造基礎統計」資料，在2003年當期的年收入額依企業規模區分如下：

企業規模	10~99人	100~999人	1000人以上
年收入	4322.3	5268.2	6944.5

（單位：千日圓）

企業規模與年收入的關聯係數是0.96。

比起學歷與年收入（關聯係數0.93），企業規模與年收入的關聯性（關聯係數0.96）更為緊密。

不管怎樣，我們先看看所有高中畢業生與大學畢業生的所得，兩者之間的差距是2500萬日圓。

然而隨著企業規模的不同，這個差距很容易被推翻。

這些數字是以終生的受薪階級為前提，如果是自行創業的話，就會再回復2500萬日圓的差距。

從另外的角度來看待邁向發達之路的法則，它的確是場「貧窮的輪迴」。

貧窮的人每天為生活打拚，沒有足夠的錢供孩子受最好的教育，如果不讓孩子工作生活就不能如意。於是，無法上學的孩子們也找不到高薪的工作，每天也得為三餐奔波，所以他們的孩子也只能過貧窮的生活，這成了一種周而復始的惡性循環。

所以，父母當然會教我這種邁向發達之路的法則，讓我遠離貧窮的困境。

在我成長的過程中，終生所得制約在2億日圓左右的發達法則一直影響著我。

人出了社會後，在上司的叱責下工作、升遷，有了自己的家庭，生兒育女，年紀大了，夫婦倆就靠退休金過活，然後死亡。

如果有2億日圓的終生所得，就可以過著這樣的人生。

可是這種範本對於想要過得更好的人來說，就成了一種枷鎖。

父母口中的發達法則有一個沒說出口的先決條件。

那就是「這是身為勞工最想望的生活」。

父母倆都是勞工。所以他們當然是在自己所處的環境中，就他們認知的最佳選項給我建議。

我父母的思考邏輯，終究還是擺脫不了環境的影響。

我到18歲為止都還是聽從父母的吩咐，在鄉下拚命用功讀書。

而且也遂了父母的心願，考進了一所好的大學。

為了讓我能順著發達之路前進，進入一家沒有失業風險的企業，在企業裡飛黃騰達，過著一輩子安穩的生活，父母決定送我到東京讀大學。

可是當時的我直覺地認為照著父母的做法根本就發不了財。

我的心底有一個聲音響起。

「我要在東京賺大錢！我要去碰碰運氣！」

去東京碰碰運氣。要想達到這個目標，就必須探一探大城市裡的賺錢路子。

我的思緒飄向一心嚮往的遙遠城市——東京。到底要怎麼做才能在東京試試手氣呢？……當時的我完全摸不著頭緒。

這是在岡山渡過的最後一個春假。

太陽透過玻璃照射在被單上，我還在溫暖的陽光下不停思索著永遠想不出答案的問題。

環境會對人造成怎樣的影響？

「監工老伯」與「工人老伯」

父母的教育對於終生所得2億日圓的勞動人生而言是有助益的。

但對於成為有錢人的人生則是一點幫助也沒有。

學歷本身並不會讓我們致富。

我要再說一次，我們受到了①父母兄弟、家人等家庭環境，②學校老師，③朋友，這三個群體的影響，漸漸養成自己對事物的思考模式與思考習慣，而其中影響最大的部份，就是讓我們無法致富的負面影響。

接著我們就來討論一下阻礙我們致富的學校老師。

學校是一個教導規範與制度的機構，這其中還包括了思想。

也就是說，「學校的教育方式，是以教育一位未來的勞動者為前提」。

在小學上社會課的時候，老師經常會播放ＮＨＫ教育頻道的節目「工人老伯」

給大家看。

劇中的搭檔是一個名叫小單的少年和一隻叫旺財的小狗，他們倆坐在熱汽球上用望遠鏡眺望街景，從中發掘一些像汽車工廠等關於製造業現場的作業狀況，是一個社會生涯實習節目。

這種實習節目即使教導的是「勞動現場」，也絕對不會站在「監工老伯」的立場來解說。

事實上，一個公司的組成，一定同時要有「工人老伯」和「監工老伯」，但被提及的總是只有「工人老伯」一方。

而且，這種讚美技術、讚美製造，告訴孩子成為勞動者有多了不起的節目每個禮拜都在播放。

所謂的學校這種機構，就是為了培養出為國家政策與企業成長奉獻的勞動者。學校的教育反映著該時代體制的思考方式。

比如說在美國有一個舉世知名的進化論判決。

這個事件的始末是這樣的，在日本教導學生達爾文的進化論是件稀鬆平常的事，但將聖經句句奉為真理的基督教基本教義派卻認為，人是由神創造出來的，宇宙萬物是神為了人類而創造的，於是美國各地紛紛立法，禁止在學校教授進化論，而這條法律是否違憲更在美國聯邦最高法院引發爭議。

結果，這項議題在美國當地造成了以下的輿論。

2004年美國GALLUP公司的輿論調查結果顯示：

認為達爾文的進化論有科學根據者……35%

認為進化論不過是眾多理論中的一個，沒有科學根據者……35%

對於進化論不甚了解者……39%

另外，

認為人類是在一萬年前由神所創造……45%

這就是教育與宗教結合的案例。其他還有日本戰前的教育敕語：「一旦危急，則義勇奉公。」（為日本明治天皇頒布的教育文件，其宗旨成為第二次世界大戰前日本教育的主軸）教育學生們要為國家勇往直前、無私奉獻。做為一個由國家支配的體系，學校的確發揮了效用。

此外，日本由於美國的因素，在戰後採行弱體化計劃，其中一環就是由教育體系擔起重責，將日本最重要的大和精神從教育中抽離。

在這過程之中，學校老師完全沒有自覺自己正在培養一群為國家政策和企業成長奉獻心力的勞動者。

當時的環境每個人都視為理所當然，就好像我們平常不會意識到地心引力的存在一樣，身為勞動者的老師們也不會意識到自己的教育會和培育勞動生力軍扯上關係。

慢慢地在潛移默化的情況下，我們在學校學習新知的同時，也在接受洗腦教育的荼毒，被教育成一個優秀的勞動者。

學校老師提供如何成為勞動者的必要情報，卻不曾教導我們如何成為一個有錢人，甚至他們根本就不知道方法。

他們所提供的，只是一張褪了色的、已經過期、無法使用的成功門票，也就是學歷。

因為老師自己是個勞動者，他們不曾為了成為有錢人而用功讀書。

在我居住的鄉下，那些每天爬坡上山教課的國中老師，以及頭載安全帽每天騎腳踏車到田間上課的縣立高中老師們，因為自身是公務員，每個月一定會有薪水進帳，所以不曾有過獨自賺錢的經驗。

這樣的人應該無法教育學生們養成自助自立的精神才是。

現在，我就來談談學校沒教的致富知識。

學校沒教的金錢知識

你有沒有在小時候想過：「我這麼用功讀書對將來到底有何幫助？」

我想長大成人後的你應該可以斬釘截鐵地回答：「沒有用處」。

因為決定這些教材內容的人，是從來不曾靠自己賺錢的官僚，所以學校的教育中不會有實質效利這一塊。

在真實社會中，人有一些非做不可的課業，即使熬夜也要學習。

因為這些功課和賺錢息息相關，所以就算再怎麼討厭學習的人也一定會拚命用功才是。

前些日子，我和前來諮詢投資事宜的人碰了面，當話題轉到本息平均攤還的銀行融資時，我感到無比訝異。

這個客戶向銀行借貸了好幾億日圓的資金，卻不知道本息平均攤還的還款計算方法。

我再請他仔細想想，他竟然連這個計算公式都寫不出來。

因為不知道本息平均攤還的理論根據，所以無法列出公式。

這就是學校教育方針將金錢摒除在外的一大弊害。

本息平均攤還方式是房貸經常使用的還款方式，在日常生活中也常會用到，這麼基本的東西都不教，學校教育的目的到底何在？

就是因為這樣，年輕人才會剛出社會就拚命辦卡消費，被信貸公司、信用卡公司或是投資公司引誘上鉤。

而我也成了其中之一。

25歲沒有正職的我因此受騙上當，欠下了一屁股的債。

此時此刻我可以說，因為沒有用功學習金融知識才會被騙，所以被騙是自己活該。

而且，事實證明不經一事不長一智，如果沒有受騙我也不會認真學習。

假使你無法寫出本息平均攤還的計算公式，你最好想一想從國小、國中一直到高中的這十二年，自己在算數和數學上總共花了多少時間學習。

學校的教育並沒有教導我們如何去應對日常生活中發生的問題。

為什麼必須了解「稅收的結構」？

國家推行的愚民政策

論語的泰伯篇中有云：

子曰：「民可使由之，不可使知之。」

現在這句話衍生的涵義多為：「人民只要遵循國家的政策即可，無須一一了解政策的用意為何」，這是國家向來的作風，只讓人民服從，不讓人民了解。

比方說像日本將消費稅從外加改變成內含的課稅方式，目的就是為了讓人民在購物時不會意識到消費稅的金額，以便隱匿情報。

而隱匿消費稅金額的用意，當然是為了替提高消費稅鋪路。

不過以全世界的水準來看，日本算是世界上消費稅課得較低的國家。

因此，政府大可讓人民知道這一點，尋求人民對提高消費稅的諒解，然而政府卻故意將稅額隱匿起來，讓人民對納稅不痛不癢，再從人民口袋裡把錢拿走。

社會課的課堂上都教學生死背歷代君主的年號，事實上教學生們調查世界各國的消費稅水準，才是學校該教的知識。

也許大家都已經知道了，還有一項學校沒教的金錢知識就是稅收結構。

我是個上班族，所以稅收應該不干我事吧？

那麼我現在就來說明與上班族息息相關的政府盜竊行為。

所得稅和年金都只從上班族身上榨錢？

什麼是與上班族息息相關的政府盜竊行為呢？

答案就是扣繳稅額制度。

原本的所得稅申報是本人計算該年度應繳稅額、再予以申報給付的申報納稅制度，但如同大家所知道的，對受薪階級而言並不是那麼回事。

如果是受薪階級，公司會代扣稅額，先將所得稅額從薪水中扣下來，上繳國庫。

換句話說，在薪水送到你手上之前，你的薪水袋已經被動過了，你薪水的一部份已經先被國家拿走，當做是所得稅了。

然而上班族們通常只會和匯款銀行確認實際收到的金額，很多人都是從公司收到一年一次的扣繳稅額清單後，才知道自己繳納的稅額是多少。

這和消費稅內含是同樣的道理，扣繳稅額制度讓人民感覺不出納稅的痛，而這也是促使官員隨意施行財稅政策的原因。

上班族和自行創業的人不同，上班族的薪水在還沒到手之前就先被抽成了，所以對官員們來說，這是再容易不過的事了。因為這些錢絕對不會漏收。

官員如果沒把今年的預算用完就拿不到明年的預算，這在組織內部可是一大問題。於是大家濫用組織經費、假報差旅費用、浮報個人開銷等等，反正是從上班族那兒偷來的、白白到手的錢，可以儘量花，不用客氣。

此外，不只是稅金，年金也是如此，因為上班族也是採預先扣繳制度，所以對官員們而言不花白不花。因為不管自己用或不用，將來年金早晚都會出問題。

以前日本爆出社會保險廳用國民年金蓋高爾夫練習場供官員使用的事件，高爾夫俱樂部就不用說了，就連一顆高爾夫球也是由國民年金支付的。然而，這些事件也只不過是讓終將崩解的年金制度提早出現破綻罷了。

國家讓人民對納稅不痛不癢的目的

好像有些離題了，我們再回到原本的話題。

扣繳稅額制度是民族社會主義德國工人黨黨首希特勒為籌措軍費而採行的制度，為了展開太平洋戰爭，日本也仿效德國開始施行此一制度。

接著，在戰爭結束後的1947年，日本又回復到原本的申報納稅制度。而且，當時盟軍總司令部（GHQ，General Headquarter，二次大戰後，英美等國在日本設立的盟軍總司令部）也要求廢止這種不民主的扣繳稅額制度。

然而，日本的大藏省（昔日的財政部門）卻不理會Shaoup稅制使節團的勸告（以美國經濟學家Carl Summer Shoup為首的稅制使節團，曾在1949與1950年對日本稅制改革提出建言），官員們為了方便行事，並害怕人民滯納稅金導致稅收減少，還是針對受薪階級施行年終調整制度。

扣繳稅額制度是好不容易才到手的特權，大藏省當然不想放棄。反之，他們還藉由這個年終調整制度建構了壓榨上班族的體制。於是，支付薪資的企業開始代替員工報稅。

稅務署把原本該自己進行的課稅工作轉嫁到企業身上，自己當然樂得輕鬆。

如果弊端僅僅如此也就罷了，然而這種扣繳稅額制度還讓員工的隱私，像配偶所得、家族中是否有殘障者等私人資料都完全攤在企業眼下。

這種自己都還未確認應繳稅額之前就由公司代繳的年終調整制度，全世界只有日本才有，因為此一制度，日本上班族如果不去稅務署一趟根本就不大可能知道自己到底繳了多少稅。

身為上班族的你，應該不知道稅務署或市區稽徵所位在何處吧？

因為國家的政策，你對納稅這件事已經變得不痛不癢了。這種扣繳稅額制度和年終調整制度讓你絲毫感覺不出國家的壓榨，在不知不覺中你的氣力漸漸被奪走，你變得越來越虛弱。

學校不會教我們這些國家的稅收結構。因此一輩子領死薪水的人根本不會意識到問題所在，只是持續地奉獻腦力和體力，當老到不堪使用時，才從公司那兒換來少得可憐的退休金，在「自己怎麼就這麼不會存錢」的感嘆中渡過餘生。

來到東京突然被騙的那時

鄉下人容易上當

那麼，在沒受過金錢教育的情況下會遭遇到什麼事呢？話題回到我剛到東京時發生的那件事。在我前往東京時，母親叮囑過我：

「東京壞人很多，你要特別小心！」

當時的我還是個鄉下學生，從小在父母的寵愛呵護下長大，壞人到底長怎樣，我實在一點概念也沒有。

而且，我從來沒有受騙上當的經驗，詐騙到底是怎麼一回事，也沒什麼真實的感受。當時的我對受騙這回事根本就沒什麼免疫力。

俗話說鄉下人容易上當，這是千真萬確的事。

在鄉下，人與人間的互動十分親密，就連村子裡某戶人家養的狗生小狗都可以成為話題，因為大家生活在一起，所以沒有人會惡意欺騙他人。

了。

因為一旦有人幹了這種事，鄰里間會立刻傳開來，那人就無法繼續在那裡生活了。

然而，這種常理在都市卻不適用。

有些團體或組織將惡意欺騙他人的行為視為家常便飯，但由於這些團體或組織不斷有新的冤大頭上鈎，而且都市中人與人的關係又十分淡薄，所以很多人就算同在一棟大樓也搞不清楚隔壁公司做的是什麼生意。

詐騙集團的手法推陳出新，無辜的民眾不斷受騙上當，然而整件事要發展成為重大刑案還需一段時間的醞釀，在這過程中警方並不會採取行動。

警方的原則是不介入和犯罪無關的個人爭端，這也就是我後來被追討債務時體驗到的所謂「民事不介入原則」。

我是典型的鄉巴佬進城。四月到東京，我在吉祥寺附近的一處公寓住了下來。

我滿心懷抱著對東京生活的無限憧憬，信步走在吉祥寺的大街上。於是，在這充滿夢想的城市裡，我一下子就掉進了詐騙的陷阱。

為了買件「新襯衫」

對我這個鄉下孩子來說，吉祥寺真是個大城市。

一棟棟的大樓、車站前巨型的商店街、像節慶時的人潮、人潮、人潮。才剛結束無聊的讀書生活來到東京，城裡的一切都是那麼地新奇，我漫無目的地四處蹓躂。

在吉祥寺的Sun Road商店街來回閒逛時，某家休閒服飾店吸引了我的目光，我停下腳步。

「為了迎接新生活，我也來買件襯衫慶祝一下，換掉這身鄉下人的裝扮吧！」一想到這兒，我走進店裡逛逛，看到架上展示的棉質襯衫。

「如果穿著這件衣服走在街上，就像個十足的東京人了……」

我漫不經心地想著，手裡拿著那件襯衫左看右看。做夢也想不到這將成為我的受騙初體驗。

當時剛從鄉下來的我，一定比被騙到銀行轉帳匯款的老婆婆還容易上當。站在旁觀者的角度來看或許會覺得很不可思議，怎麼會有人相信這種騙局？然而，人如果不曾被他人惡意欺騙過，要受騙上當實在是很容易的事。

看到我的手裡拿著一件新襯衫，店員輕輕地靠了過來，開口問道：

這輩子買過最貴的東西

「您在找什麼款式嗎？」

「啊……，你們的襯衫很好看，所以我進來看看……」

穿著帶點痞子風格、看似二十多歲的店員聽到我的岡山腔，嘴角微微上揚，好像把我當成笨蛋似地對著我笑。

或許他心想終於有凱子上門了，正暗自竊喜呢！當時的我想必一看就知道是鄉下來的，一副畏畏縮縮的模樣。

很多男性不是都不習慣進服飾店嗎？

我幾乎不曾自己買過衣服。小時候穿的衣服都是母親到附近超市買蔥啦豆腐啦等食材時，順便到二樓的服飾區幫我買的。

從鞋子到褲子，母親對我的尺寸瞭若指掌，如果褲子的尺寸不合，母親就用剪刀修改成我的尺寸，所以我根本沒機會像都市小孩那樣自己挑選衣服。

即使是現在，我的衣物從頭到腳包括鞋子也都是由我妻子打理，所以我也沒機會自己挑選。她也會要我自己挑選，但我就是提不起勁兒。

妻子會一一說明這是哪裡製造的鞋子，這是哪個牌子的衣服，但我一句也沒聽進去。

話說我本來就很怕進服飾店。當時我一走進去，就感覺到店員看出我是鄉下來的，真想立刻逃離那個地方。

「先生，您是第一次來嗎？」

「是。」

「您住附近嗎？」

「對，我住吉祥寺附近。」

「那麼您可不可以先幫我填一下這份問卷？」

我的頭開始發暈。

只不過想買件襯衫，幹嘛替東京的服飾店填什麼問卷呢……？

話說回來，幾年前有一首叫做「夜霧展示員」的歌入選了有線放送大賞，那個男展示員叫什麼名字來著……？

在還沒搞清楚狀況前，我已經填好了那份問卷。

30分鐘之後，我人生有始以來金額最大的一次購物即將上場。

拒絕是銷售的開始

銷售應對法則

老實說，店員說的一大串在我聽來就好像外星話一樣。

簡要地說就是衣服零零散散地買會貴很多，但如果一次購買、相互搭配的話，大學四年期間就不用再買衣服了，這樣反而比較划算。這是我自己歸納整理後的大意。

總之他講的話我不是很懂，只見他將衣物一一擺在我面前的玻璃桌上，從鞋子到外套，從皮帶到內衣，一年四季的各樣搭配和色系一應俱全。

他的推銷令我感到困擾，

「我沒有錢，買不起啦！」

即使都這麼說了，店員還是一點也不介意，繼續從架上翻出時下最夯的商品。

「就算沒買，看看也無妨呀。」他回答道。

還不到十分鐘的時間，我的面前已經擺了一大堆五顏六色的衣服。

誰穿呀？這麼多……。
憑良心講，想到這些是為自己準備的，就覺得頭皮發麻。
接著，店員開始慢慢地幫我裝扮起來。
在那一刻，我完全想像不到這世上有所謂專門應付顧客反駁的「銷售應對法則」。
通常銷售員都是在顧客拒絕的那一刻起開始銷售。
當然，他們經常會聽到潛在顧客的回絕，像是「我沒有錢……」、「我今天沒有時間……」、「我回家再仔細想想……」、「我沒興趣」這些理由他們聽到耳朵都長繭了，當顧客如此回絕時，如何不與對方爭辯又能反駁對方意見，就是他們要磨練的技巧。
他們會使用「詢問法」、「YES, but 法」、「自食其果法」、「轉換話題法」等技巧，一步步向對手逼近。
譬如當我說「今天就要我決定金額這麼大的契約，我覺得怕怕的。」他就回應：「很多大一新生都有跟我們簽約呀，您是哪裡覺得不安呢？」
我說：「我目前好像還用不到這麼多衣服。」
「您怎能如此斷定自己不需要呢？現在不買，等到將來一件一件買的時候一共要花多少錢，您算過嗎？」

或是，

「我想回家和父母商量一下。」

「即然都已經上大學了，就是個可以獨當一面的大人了。一個真正的大人應該不會凡事都要和父母商量才能決定吧？」

我說：「我想回去了。」「我聽得不是很懂……」他就又回到原點開始解說。當我焦急地絞盡腦汁思考如何回絕他時，仔細一看，我的周遭除了店長以外又有三位店員圍了過來。

然後，

「先生，我們想讓您進一步了解，但這麼站著說話也不是辦法，請您移駕到我們裡面的辦公室好嗎？」

在無形的壓力下，我就這麼莫名奇妙地讓兩名店員架著，被帶往裡面的辦公室。

於是我簽下了合約書

我就像被軟禁似地，在裡面接受更長時間的疲勞轟炸。這個房間與外面燈火通明、服裝陳列得五顏六色的豪華店面不同，房間裡有的是一排單調的灰色辦公桌，裝著庫存品的紙箱堆積如山，被煙薰黃的牆壁上張貼著各個銷售員的業績圖表。

我在三名店員的包圍下，不斷地被反覆詢問同樣的問題。

我感覺到如果他們得不到肯定的答案，就永遠不會罷休。

面對這些疲勞轟炸般的銷售對策，在過程中我已經變得無法思考，在回答問題時我已心不在焉，一心只想從這個地方逃出去。

夠了夠了……真想做些什麼好從這裡逃出去……。

時間不知已經過了多久……

突然，辦公室入口的門打開了，店長走了進來。

「先生，我們店裡的商品相信您已經了解得十分清楚了吧？」

我沈默無語。

因為我有預感，假如給他否定的答案，一切一定又重頭開始，不知要到何時才能結束。

於是，店長遞給了我一張合約書和一支筆，我就靜靜地在複寫式合約的簽名欄上簽下了我的名字。

接著店長告訴我取貨的日子，以及在取貨日到來的這段期間要準備好八十多萬日圓的貨款，我終於可以走出那間令我窒息的房間。

唯一值得慶幸的是我還未成年，因此沒有填寫他們連同合約書一起遞給我的信用卡申請表，真是好險。

假若不是未成年，我肯定會被要求簽下高額的帳單吧。

走出店門的那時天色已暗，我不想搭井之頭線的電車回家，於是就吹著晚風，橫越井之頭公園，慢慢地走回公寓。

迥然不同的知識體系

母親的忠告我如今有了深深的體悟，對東京那種滿懷憧憬的印象也開始有了變化。

從另一面來看，東京也是個人吃人的地方，住在東京的人以無知者為食。

那時我理解了一件事，這世界上的確有壞人存在，而且這些壞人擁有一身說服任何對手的本領，雖然這本領學校沒教，但它卻是在社會生存的重要技巧。

雖然在學校裡學習了種種科目，但我在面對痞子店員的說服攻勢時卻毫無招架之力，只能全盤接受，簽下高額的合約書。

另一方面，那些店員們也因為這一只高額的合約書賺到了一筆錢。

這讓當時的我感受到所謂的學校教育是與社會「迥然不同的知識體系」，以及賺錢這檔事的必要性。

我一心只想逃離，簽下了合約書，好不容易走回公寓，喘了口氣，又馬上被拉回到幾天後即將支付貨款的現實世界裡。

如果在店長指定的交貨日付不出八十幾萬貨款會怎麼樣呢？我實在無法想像。當時心裡只預感到好像會發生什麼大事。

但我就是湊不出該付的錢，又能怎麼辦呢？

沒錢↓非付錢不可↓沒錢↓非付錢不可↓……

我在公寓的床上輾轉反側，一邊呆呆地望著天花板的木紋，一邊在腦中反覆思索著繞不出答案的問題。

在吉祥寺店內那股不自在的緊張感讓我疲勞不堪，我就這麼睡著了，待醒來時已是隔天早上。

睡了一覺後我找到了答案。

不知道的事就是不知道。除了問知道的人就別無他法了。

這就是我的答案。

打了通電話給鄉下的母親說明事情的經過後，母親告訴我有所謂的「合約審閱期」，並教了我很多很多。於是問題漸漸有了轉機。

時至今日，我得到了一個對生存而言十分重要的智慧，那就是：

「即使遇到再壞的狀況，睡一覺也許事情就會不同。」

就是這個智慧在日後將我從萬丈深淵中拯救出來。

第2章

怎樣才能變有錢人

學校沒教的致富知識，如果能夠早一點知道就好了！

愛因斯坦說：「用發現問題的相同角度去解決問題，問題絕對無法解決。」我在原本的框框裡永無止盡地徬徨著。

自己的人生之路到底在哪裡？

沈迷在小鋼珠的世界裡

服飾店事件讓我體驗到都市的可怕，我決定不再靠近商店附近。因為我討厭遇到纏人的店員，聽他們說一堆有的沒的。

然而，我並沒有因此對大都市失去興趣，在東京沒有朋友的我一個人漫無目的地在吉祥寺的街上閒逛。

有一天，我聽到從某家店裡傳出令人振奮的Eurobeat音樂（註：亦稱為歐陸節奏，源自日本流行音樂與歐式舞曲），就這麼被吸引地走進一家站前的小鋼珠店。

那是我有生以來第一次玩小鋼珠，因為新手的好運氣，我花了500日圓，在機台前坐不到一分鐘就進入賠率變更模式，接著連莊，我當下興奮不已。事實上這正是惡運的開始！

才短短幾分鐘的時間，手上就多了一萬多日圓，我完全被小鋼珠的魅力俘虜了。

小鋼珠的毒性作用會隨著人的不同而有所不同。

自此之後，我每天就泡在小網珠店裡，從店家開始營業一直到他們休息打烊為止。

上洗手間時我看著鏡中的自己，也許是長時間來回盯著螢幕上數字的關係，我的眼睛充滿了血絲。

不知有多少次我把錢包裡的錢輸得精光，跑去提款機領錢。當時心想如果領的這些錢翻了本，把之前輸的贏回來，到時再把錢存進去就好了。可是事實上，這些錢再也不曾存回銀行的戶頭裡。

我對金錢的感覺漸漸麻痺，平時去吃拉麵時連價差才100日圓的一般拉麵和叉燒麵都會讓我猶豫個半天，但一坐在機台前，一千日圓的紙鈔好像根本就不是錢似的，才短短時間就讓機器一張張地吸了進去。仔細想想，我平時生活省吃儉用，但在小鋼珠店裡花錢卻像流水一樣，眉頭皺都不皺一下。

原本該做其他用途的錢慢慢不見了，我的生活越來越拮据。變成這樣，我自己也意識到了事情的嚴重性，並認真考慮要戒掉小鋼珠。可是我的心卻背叛了我的理智，一心追求刺激。「會不會今天就贏錢了呢？」不論如何我就是無法制止自己往小鋼珠店裡去。

問題不單只是金錢。我連寶貴的時間都浪費掉了。有好幾次早上店門一開我就坐在機台前，玩到連午餐也忘了吃，就這麼不眠不休地與機台奮戰，直到耳邊傳來店家播放營業時間已過的晚安曲。

這樣的我根本就是在揮霍歲月。

每當有新店開張的日子，我就會沒來由地異常興奮，感覺新裝的機器贏面較大，為了占到好的機台，我興沖沖地跑到店門口，從大清早開始排隊等著開店。

平常散步的時候也是，只要經過小鋼珠店附近聽到從店內傳來的音樂聲，我就有股想進去的衝動，怎麼也克制不住。機台開始跑的音樂在腦海中不停繚繞著。這已經是種病態了。

時至今日，每當看到店家更新機器的當天，一群為了等候開店的人在寒風中排隊，冷得直打哆嗦的情景，我還是笑不出來。我十分了解他們受賭博迷惑、心中那股騷癢難耐的感受，因為看到他們就好像是看到了昔日的我。

突然間，我想到這些排隊等開店的人過的是怎樣的人生。

啊，那個臉上佈滿滄桑皺紋的老爺爺，一般人到了他這年紀應該都有個讀小學的孫子了，可是他的人生大概還是一團糟吧……。

賭博就是這樣，它會將你的身體消耗殆盡，讓你忘記家庭，忘記工作，忘記一切……。

也許以我的立場來說這些話沒什麼說服力，但賭博、電視和電玩這些東西，只要沒有把握能控制自己不陷進去，就千萬別去碰它。

賭博帶來的刺激感會讓人沈迷其中，而偶爾贏錢嚐到的一點甜頭更是誘人，所以到最後一定會中毒。

我後來出了社會也曾為了紓解壓力、放鬆心情而再次迷上小鋼珠。不過因為決心打拚事業，驚覺時間不能再如此白白浪費，所以戒掉了它。

我之所以能擺脫小鋼珠的誘惑，是因為想通一件事，打小鋼珠不論從金錢或是從時間的角度來看都不划算。

賭博與經營

雖然有經營者說：「我自己做生意就好像在賭博一樣，所以我不賭博。」但所謂的賭博，為的是感受那種勝負未定的刺激感。

相形之下，經營事業有其必然的一套法則，若用賭博的心態為出發點來經營事業將會很危險。

事實上，所謂的經營就是要排除不確定因素，盡可能將風險降至最低，如果用賭看的心態去面對這些不確定因素，就難有勝算了。

經營事業，魄力是必要的因素，若還未能將不確定因素排除乾淨，這個事業就還未到開始的時候。

因為在未經充分估算，腦中還未能清楚勾勒出成功藍圖之前，都不該冒然開始。

或許可以這麼說：

「只要經營賭博這種容易讓人上癮的事業，就一定會成功。」

雖然我當時連想都沒想過，但如果無法將佈滿血絲的雙眼從螢幕上移開，不想辦法讓自己變成在後方巡視、負責監視店內主機畫面的那個人，我這一輩永遠是個輸家。

比方說一台每日吸鈔五萬日圓的機器背後，也有個人在接收這些白花花的鈔票，一家擁有300座機台的小鋼珠店，一年就可吸金54億日圓。

不斷掏錢的一方，與不斷收錢的一方，這兩者間有著非常大的差距。如果不能站在相反的角度來看事物，永遠都只能是被吃的一方。

我把這種「容易讓人上癮的事業」視為做生意的根本。

同樣是「東大生」也有差別待遇

學生服與賓士車

到了四月十日那天，我開始上大學。因為有一場針對新生舉辦的說明會，所以大家一起前往一、二年級學生位在駒場的校區。

在那個說明會上，我看到了與自己想像中的東大生截然不同的同年級學生。

我從小在鄉下長大，岡山在當時也沒有河合塾、駿台或代代木研討班等預備學校，因此我不太清楚報考東大的學生是怎樣的。

在我的想像中，所謂的東大生是集合全國各地書讀得最好的學生，他們大多出身普通家庭，家境不富裕但一心向上，朝著成為政府官員或出人頭地的成功目標努力。

但事實上，我眼前看到的這些學生實在很難說是普通家庭出身的。

大部份的學生似乎都彼此認識。來自麻布、開成等私立完全中學的學生占大多數，而且大半的學生都讀同一個預備校。

同年級的學生中，有一個人每天從成城的住家開自己專用的賓士車上下學。

這和搭乘井之頭線一路顛到學校的我相比，兩個人的起跑點就已經不同。

在鄉下縣立高中讀書時，不論家裡是貧是富，大家都穿著同樣的學生制服，排排坐著上課，到了這裡，眼前的景象令我驚奇不已。

我到高中畢業為止，腦袋裡想的都只有成績名次，別人家裡經濟狀況什麼的我連想都沒想過。

規定學生全部穿制服的用意，就是為了避免洩露學生的家庭背景吧？

雖然穿著制服會失去個人特色，但世俗的價值觀也因此被阻絕在校園之外，富人的小孩也好，窮人的小孩也罷，大家都可以平等地同聚一堂讀書，所以對我而言，就算穿著學校制服會失去特色也無妨。

直到高中畢業為止，我都是在這種沒有個人特色的世界中過日子。

然而，藉由學生擁有專用賓士車、每天開車通勤的事實我們清楚地知道，大學已經成為邁入資本主義的入口了。

仔細想來，因為是一群從國中開始就讀私校、擁有良好教育環境的人，與一群沒有機會接受如此良好教育的人，在同個戰場上一起考試決勝負，所以考進東大的，大半都是那些來自私立完全中學的學生，這也沒什麼好奇怪的。

那些可以送子女進私立完全中學就讀的父母擁有如此雄厚的財力，也不是什麼不可思議的事。

以前有一則新聞曾在當時引發社會大眾的熱切討論，內容好像就是東大生父母的平均年收入要比其他大學學生父母的平均年收入要來得高。

據2006年12月7日發行的東京大學學報「學生生活實況調查」記載，東大生父母的平均年收入是1179萬日圓。

東大生的父母都是有錢人？

在探討東大生父母到底富不富有之前，我們先來討論一下一般人印象中財力雄厚的醫大生父母。

舉個例子，我們來看一下埼玉醫科大學的網頁，一般的學費六年總共是3800萬日圓，加上其他費用六年是220萬日圓，所以合計是4020萬日圓。

如果再加上不時的捐款以及六年的生活費，學生的父母最少也要有拿得出5000～6000萬日圓的財力才行。

順道一提，以下是2007年度其他大學醫學系六年的學費列表：

帝京大學　4900萬日圓

北里大學　3900萬日圓
東海大學　4200萬日圓
金澤醫科大學　4000萬日圓
愛知醫科大學　3800萬日圓
兵庫醫科大學　3900萬日圓
川崎醫科大學　4100萬日圓

這些還得加上各學校要求家長的他項捐款以及贊助金。

單憑付得出學費這點，就可以想見「醫大生的父母都很有錢」這句話說得沒錯。

那麼東大生的父母又是如何呢？

因為私立大學醫學系六年的學費動輒數千萬日圓，所以照推論，即使醫大學生家長的年收入居於同儕中的最低水準，也比一般大學生家長的年收入要高出許多。

相形之下，就東京大學四年的學費而論，平成11年以後入學的學生四年學費是240萬日圓，還不到私立大學醫學系六年學費的十分之一，學生家長的財力也不需像私立大學醫學系的學生家長那般雄厚。

看起來就讀東大似乎不是有錢人家小孩的專利。

那麼東大生的父母和一般大學生的父母相比又如何呢？

根據日本學生支援機構的調查，平成16年大學生（日間部）的家庭平均年收入是842萬日圓，而東大生的父母平均年收入則為1179萬日圓，是一般大學生的1.4倍，的確高出許多。

此外，從家庭年收入的間距和學生數的比例來看，年收入超出全體平均值842萬日圓的東大生家長占了全體的六成，由此可知有過半數的東大生家長年收入比一般大學生家長的平均年收入要高。

依據這些統計數字我們應該可以說「東大生的家長並非都是有錢人，但東大生的家長就平均而言比普通大學生的家長更來得富有」。

「因為是公平考試，所以不管是誰都要努力才考得上」，這種說法是不切實際的幻想，父母有沒有財力、可以投入多少的教育資源給子女，這些差異從起跑點開始就已經存在了。

看不到的社會階級差異

再說，若要討論到底是東大生的家長富有？還是私立大學醫學系學生的家長富有？其實有很多的案例是兄弟倆一人是東大生，另一人則是私立大學醫學系學生的情況。

我們把兩者疊在一起看，發現兩者的所得都比平均值要來得高，但比較所得的下限，就會發現私立大學醫學系的學生家長沒有一位落在低所得的區間，而東大生家長的所得則呈常態分佈。

更進一步地說，這個統計資料本身也不是全面的，它所反應出的只是實際狀況的一小部份而已。

因為這項調查中的家長收入，並沒有註明只限薪資所得收入，或是需加上不動產投資收入、分紅配息收入，所以有很多人都以為只限定填寫薪資所得收入。

如果是經營者，有人會聘請專責管理有價証券、不動產等資產的財產管理法人，也有很多人根本就不清楚自己的所得到底有多少。

像這些人的所得，就要比問卷上記載的金額要多得多。

我上大學第一天所看見的，就是這種「無形的社會階級差異」。

思想偏差的東大生們

進入東大的目的為何？

才剛進大學就馬上舉辦了一次班級旅行。旅行的地點是千葉的山上，我們一行人搭遊覽車沿著緊臨山崖的蜿蜒山路往山裡去。

同學中有一人說道：「如果這輛遊覽車掉下山谷，一車人全死了的話，國家的損失就大了。」

我當時心想其他同學的反應一定是：「這說的是什麼傻話。」誰知大家的反應和我想的完全不同。

「對呀，對呀，日本最優秀的未來國家棟樑如果就這樣沒了，那真是日本的損失呀。」

「也許我們之中還有未來的日本首相呢！」

像這樣，同學們陸陸續續表達贊同的意見。

聽到這番話的同時，我心裡油然生起一種感覺：和東大生相處，完全感受不到商業的氣息。

同時我也覺得觀察他們或許可以找到一些成為億萬富翁的負面教材。

於是我仔細聆聽他們的對話，話題大多離不開新聞媒體、報章雜誌上刊載的二手情報。

除此之外，就全都是和讀書有關的話題了。

這群人活著難不成就只是為了要進入東大？

談話內容沒有任何親身的經歷，我甚至懷疑除了這個他們根本無話可聊。

比方說提到「花岡岩」時，一般人都會聯想到它的顏色、觸感、重量等等。

或許隨著人的不同，對花岡岩的聯想和認知也會有所差異。

這時，腦中應該會浮現出一些往日的回憶吧。

可是這群人腦袋裡對花岡岩的體悟，就只是一項考試必須知道的知識罷了。

換句話說，他們的腦袋裡只容得下代替外部記憶、以符號和文字呈現的知識。

同樣都是儲存符號，比起人類腦部所能容納的情報，電腦的表現要更為優秀。

如果這樣，人類就沒有存在的價值了。

在他人的規範下生活

他們的話題始終離不開從媒體得知的二手情報，由此可知他們也不會想要靠自己做些什麼，或是去體驗什麼。

每個人對事實的認知，會隨著自己的體驗而不同，這就是人類有趣的地方。不管如何誇耀自己的學識淵博，如果未曾親身經歷，只靠著一堆死記的文字訊息做基礎，這些知識還是無法說服對方。

而且就算說服了對方，也只不過是滔滔不絕地講述自己的知識，不顧對方意願，長時間疲勞轟炸才讓對方認輸的，這根本就不算對話。

又或者自己知道的知識真的否定了對方的言論，駁倒了對方，那也只不過是為了滿足自己一時的優越感，拖延對方、將對話時間拉長罷了，對方大概也不想再回到原本的話題上吧？

像這樣有缺陷的人，難怪會說出：「這輛遊覽車如果翻下山，一車人全死了的話，真是國家的損失啊。」這種話。

是他們自以為是，還是世俗的價值觀讓他們以為在微不足道的考試中勝出很了不起呢？或許兩者都有吧！

他們的存在，只不過是為了在他人定好的規則下，參加考試這場競賽罷了。

而且他們的動機是想藉由競賽拿到好成績，以期得到父母的讚揚或疼愛。

當他們長大成為國家官員時，也會為了得到上司的褒獎而行動，隨時隨地向出人頭地的競賽舞台大步邁進吧。

如果一個人過度適應某一體系，一旦被放置在這個體系之外，他將會變得像嬰兒般毫無應變的能力。

我當時直覺，只要夾在這些同學當中，一起在體系下競爭，我是不可能成為億萬富翁的。

我不想和這些由他人決定自己價值的人在一起，我不想受到東大病的傳染……。

遊覽車痛苦呻吟似地發出吱嘎的聲響，車子還在爬坡。

我沒有加入大家的討論，一個人若有所思地從窗戶眺望山崖下的涓涓細流。

無知使人犯罪，知識使人空虛

因為這一次的班級旅行，我才剛入學就開始嫌惡學校，不想接近學校。

難怪東大生們堅信只要自己用功讀書，財富、名譽、權力、以及其他想要的東西都可以手到擒來。因為成為政府官員，就可以得到永不失業、生活安定的保障。

我和那些一心追求生活保障或生活安定的同學們怎麼也無法打成一片。

雖然蘇格拉底說過：「無知使人犯罪，知識使人空虛。」但我決定不再為了害怕別人看穿自己無能而成天掩飾自己，裝成一副學識淵博的樣子，如此空虛過日。

然而這樣的無知卻讓我在日後大大跌了一跤，並付出慘痛的代價。

如今的我對無知這個辭彙有二種不同的解釋。

無知也可以是單純的象徵。無知的人可以看到別人因偏見、常識、判斷而看不到的地方，不會有所謂的盲點出現。因此，無知未必是一種罪過。

但另一方面，一旦缺乏知識，人在社會上會走得很艱辛，甚至還可能付出相當的代價。

所以，人不但要擁有以親身經歷為後盾的充足知識，同時也要擺脫這些知識的束縛，拋開成見，保持某種意義的無知狀態，這才是成功之道。

話說回來了，東大生所缺乏的，是靠自己掙錢的想法。

他們只想著成為政府官員，或進入大企業領薪水過活，從來沒想過要用自己的手開發客戶，創造財富。

這些東大生和當時的我最最欠缺的是招攬客人的技術。我是過了很久之後才知道這個技術就叫做「行銷」。

想存錢買賓士車的人一輩子都不會富有

怎樣才叫做有錢人？

不去學校上課的我開始過著到處打工的日子。

為了成為有錢人，我想試著假裝成有錢人的樣子，於是就用自己長期打工存下的錢買了一輛中古的ＢＭＷ 5Series。

我假裝是個有錢的紳士。在當時ＢＭＷ是六本木的皇冠，１９０Ｅ被稱為是小賓士，在六本木的街道上隨處可見。

來往於六本木街道上的行人和我好像是兩個世界的人，這讓我感到很悲哀。

驚人的財力背景，奢華的消費。站在法拉利旁的是性感的長髮美女，穿的是亞曼尼西裝，戴的是勞力士金錶，很多穿著打扮有特定標記的典型富紳都在那一帶出沒。

當時的我心想只要買一台高級進口車，就可以當個有錢人了，但事實卻非如此。

拚命攢下的積蓄因為買了車全部歸零，而車子的保險費和油錢更是沈重的負擔，原本就捉襟見肘的生活變得益發拮据，最後終於不得不把車賣掉。

當時的我並不了解，窮人和富人開高級進口車雖然就表面看來並沒有差別，但其實裡面的運作邏輯卻完全不同。

這就好像使用占星術和天文學從表面看來似乎沒什麼差別，但其實箇中的運作邏輯卻是天差地遠。

如今我的邏輯是：拚命存錢想買賓士車的人一輩子都不會富有。按照下面的算法，每兩年就必須換一台賓士車，而且一點也不心痛。這是富人的思考邏輯。

按照省令第三條有關資產折舊的使用年限規定，中古資產使用年限的簡易計算方式如下：

當已到達法定使用年限時：

耐用年數＝法定使用年限×20％

當中古資產經未達法定使用年限時：

耐用年數＝法定使用年限－已使用年數＋已使用年數×20％

（未滿一年者扣除尾數，最短2年）

新車的耐用年限是6年，因此：

當車齡到達第4年時

6－4＋4×0.2＝2.8　耐用年數為2年

當車齡到達第5年時

6－5＋5×0.2＝2.0　耐用年數為2年

當車齡到達第6年時

因為已經到達法定使用年限　耐用年數為最短的2年

由上可知，賓士車不論是4年車還是6年車，耐用年數都是2年。然而，不管怎麼說，4年車還還比6年車要來得好。

當從事不動產或事業投資時，購車同時兼具節稅功能，所以每兩年購入車齡4年的車是最好的做法。

在這世上，有人拚了命地工作存錢想買輛進口車，也有人是為了節稅的考量不得不買。

是要先投資再消費呢？還是先消費再投資？只要稍微更改一下順序，結果就會大不相同。

同樣都是辛苦賺來的錢，差別就在於你要先拿來消費，還是先拿來投資？

為什麼有人可以每兩年就換一輛保時捷、賓士、法拉利等進口名車呢？如果沒想通這一點，你這輩子永遠別想變成有錢人。
如今薪水階級只要稍稍努力存點錢也可以開進口名車。然而，努力讓自己像個有錢人並不能讓自己成為真正的有錢人。攢下的錢一旦拿去買高級進口車，等車子到手的那一刻存款也瞬間歸零。
雖然在電視上有很多人替豪華的消費活動代言，但事實上他們只是努力像個有錢人罷了，其實他們根本就沒有多少資產，你知道嗎？
他們是藉由揮霍金錢來宣傳自己的事業，他們的行為可以想成是一種廣告宣傳的手法。
如果把這些行為當真，誤會這就是有錢人的生活，進而效仿的話，你是不可能變有錢的。
「我作孩子的時候，說話像孩子，心思像孩子，意念像孩子，然而既成了人，就該摒棄掉屬於孩子的一切」……哥林多前書十三章11節
拿打工存的錢去買BMW，我的想法就像孩子一樣。
那個時候的富紳們現在都到哪裡去了？是活著呢？還是去世了呢？……他們也都是沒長大的孩子。

大學畢業後

時間匆匆，轉眼過了七年，時為平成6年的春天。我到東京已經渡過了2500個日子。

從班級旅行後就不再靠近學校，所幸法學部不用寫畢業論文。也多虧了如此，讓沒有到校上課的我只需參加考試就能過關，歷經6年的時間，平成5年我終於完成了大學學業。

於是自平成6年的春天開始，我過著邊找工作邊打零工的生活。

剛來東京時我住在三鷹台的公寓，之後搬了好幾次家，平成6年我搬到神樂坂一處江戶間4疊半的小公寓裡（在日本，房間的面積是以塌塌米「疊」來計算，包括安裝木地板的西式房子。榻榻米的大小在不同地方不一樣，通常分江戶間和京間。在東京等東部地區為江戶間，京都等中部地區則為京間。京間比江戶間相對要大。）屋內沒有浴室，廁所共用，提供伙食，我和從鄉下來依親的弟弟一起住，兩人共同分擔每月3萬2千元的租金。

我們的房間在二樓，鋪上兩床被褥後就沒什麼剩餘空間了。隔著窗戶，樓下三公尺遠的地方是一家燒烤店，燒烤的濃煙不時從店裡竄上來，到半夜還聽得到客人喝醉酒的吵鬧聲。

我當時還未參透成為億萬富翁的方法，整天玩日愒歲、辜負大好時光，在這段期間裡，同學們都已經進入大藏省、通商產業省或是大企業就職，各自找到自己的路，成為社會的一份子。

雖然我也想硬著頭皮說我和他們的生存方式本來就不同，但這種說法應該得不到雙親的諒解吧？母親搞不懂為什麼我就是不想當個「衣食無缺」的政府官員，頻頻從鄉下打電話來關心。

沒闖出什麼名堂來的我只能對著電話筒，低著頭聽她說教。

後來我才聽母親說當時國中和高中同學來找過我好幾次，說是要開同學會，但她因為我沒有正職，羞於啟齒，所以都回答說聯絡不到我。

「問題」何時才能解決？

我每天早上騎著腳踏車下神樂坂去打工，晚上回家後就和弟弟去公眾澡堂洗澡，從澡堂回來的路上我們會在便利商店買些鋁箔包的清酒和零食，若是碰到領薪水的日子就到澡堂隔壁的拉麵店點個火鍋配著水餃和叉燒當小菜，喝點小酒，如此日復一日。

說到弟弟，在他靠關係進入祖父經營的電氣工程公司上班的期間，他前前後後總共花了四年的時間到電氣工程學校上課，取得証照，誰知期間因為堂兄弟一群年輕人爭強好鬥，祖父言明從以不再雇用自家的人，以致他好不容易取得的証照成了廢紙，人生1500多個日子就這麼白白浪費掉了。

平成年間經濟不景氣，全世界亂了套、價格制度崩壞，情勢瞬息萬變，但我們兄弟倆卻一副事不關己的樣子，依舊悠哉過日。

弟弟因為原本規劃好的前程突然被打亂，開始煩惱起自己存在的目的，以及在世上的生存之道。

發掘自我是弟弟最大的課題。

至於我根本就還沒設定明確的目標和時程規劃。

只是心想「總有一天……」或「遲早有一天……」，如此把問題拖著。成為億萬富翁的這個課題，迄今已經花了我2500個日子，但我卻找不到具體的方案，就這麼拖延再拖延，完全沒有解決。

而且我的腦袋裡開始慢慢產生了懷疑，會不會我這輩子就一直這樣，永遠都得不到解答？

愛因斯坦說：「用發現問題的相同角度去解決問題，問題絕對無法解決。」我在原本的框框裡永無止盡地徬徨著。

在這種情況下，我認識了一個人。

與K先生的邂逅

與眾不同的工作

這一天我來到飯田橋車站大樓裡的富士銀行，去看那裡的公告欄。

這個公告欄上張貼附近許多公司行號的日薪職缺，我決定湊近看個仔細。

這天張貼徵人啟事的是一位住在九段的人，啟事上寫的工作時間是從早上6點到9點，內容是簡單的英文翻譯。

從我住的公寓到九段僱主的家騎腳踏車不用十分鐘，早上打完了工，剩下的一整天就可以愛怎麼過就怎麼過了，於是我決定去試試看。

這個工作的僱主，就是對我人生帶來莫大影響的K先生。

面試完後，我當場被告知隔天開始上班，於是我就在K先生的家裡工作。

決定上班後我才知道，K先生是現今一家日本股票上市公司（當時還未上市），以及一家同等規模的未上市公司的創辦人，自從生了場大病住院後，他就退居到第二線，如今是學校法人的負責人，在東京和埼玉地區擁有多棟公寓和住宅華廈，是個大富翁。

K先生的生活情況與我想像中的有錢人生活可說是天差地遠。

K先生總是穿著寬鬆無領的長袖運動衫，除非必要他不穿西裝。天冷的時候就披一件羽絨外套，並沒有穿什麼華麗的服裝。

車子開的是國產車，手上戴的也是國產的手錶，外表看來再普通不過。

他全年無休，每天清早3點或4點就起床，工作一會兒後，6點開始和我一起進行英文相關書籍的編排，到了9點就和我一起喝菜粥，然後再出門。

資本家精神的典範

我發覺K先生樸實儉約的生活方式，才是真正有錢人該有的樣子。

我透過生意往來所認識的有錢人也都是如此，像電視那樣開跑車、住別墅、搭豪華遊艇出遊的人實在少之又少。

此外，這些少數人之中，也有些人把這些開銷看做是預先投入的宣傳費，在帳上沖銷，藉由奢華的表現來達到交易的目的，以賺取更多的財富，讓自己成為有錢人。

我的家也曾透過廣告公司，被邀請上某個富豪節目演出，他們所要求的，不外是要展現「豪宅」、「高級進口車」、「喜好」等奢華消費的部份。

據廣告公司所言，很多受訪者就算不是富豪，也會為了接受電視採訪而向別人借家、借車來充場面，配合演出。

相形之下，K先生的生活方式與這些電視上看到的畫面實在是兩個極端。

如今與我有生意往來的富豪階層也是以生活樸實者占大多數。

這種生活方式就是所謂的「資本家精神的典範」。（橘木俊詔／森剛志著『日本富豪的研究』）

所謂的資本家精神典範就是富有的人不會單單因為消費或悠閒而感到滿足，累積財富也可以讓他們得到同樣的成就感。

由這點我們得到一個結論，那就是擁有的資產越多，就會更加努力地創造更多的財富。

K先生的生活方式就是資本家精神典範的最佳證明。

如今的我也是如此，比起花錢帶著老婆出國旅行或外出用餐，假日工作還更能讓我有成就感，消費活動對我而言是痛苦的。

有人因為這樣說我小氣，但如果是可以讓資產增加的投資，我幾億日圓都可以毫不猶豫地砸下去。

我公司奉行的政策是「凡事不求表面」。此一方針或許就是受了K先生的影響。

有很多新成立的企業明明公司員工還不到十人，卻也在門口掛上大大的標誌，明明直接叫人就可以了，卻還裝設對講機。我自己的公司桌子用的是辦公家具，公司的門牌還是用紙糊的。

我的辦公室設在住辦大樓裡的一個小單位，凡事盡量想方設法，不花費一分一毫，這也是我在生活方式上奉行凡事不求表面的一種呈現。

是K先生讓我看到了這種不求表面的生活方式。

K先生對我說的話

我的程度還差得遠呢……

在這世上，有很多事情沒達到那個境界就無法理解。
對當時的我而言，K先生的講話內容實在很難懂。
現在，我用我如今的觀點說說K先生講過的話。

・K先生的話之一

K先生有一次拿他的銀行還款時程表給我看，對我說道：「我向銀行借了上億日圓的資金，借1億日圓每月還款200萬日圓，再借1億日圓，每月還款100萬日圓。」

聽到這番話時我心裡想的是「K先生明明很富有，為什麼還要向銀行借這麼多錢？」，以及「這個人借了這麼大一筆錢，到底要怎麼還啊？」

當時的我還不懂「讓錢滾錢」、「發揮財務槓桿效用」、「讓房客幫忙還貸款」的道理，所以一直以為償還巨額借款＝K先生要自己去別處賺錢來還錢。

如今的我也會向銀行借貸上億日圓的資金，已經十分了解「讓錢滾錢」是怎麼一回事，但對當時的我來說，K先生向銀行借錢這件事實在是超出我的理解範圍。

・K先生的話之二

K先生在我開始打工的平成6年當時，就已經擁有西原一棟住辦大樓以及位在駒込的一棟高級大廈了。

「運氣好的話，在山手線北側偶爾也會碰到難得的好物件。」K先生說。

聽到這番話，如今的我一想就可以理解為什麼他會選擇西原和駒込，要取得這些物件絕對不會只是「運氣好」而已，然而在當時我根本想像不到兩者的關聯性。我根本就沒有做功課。

就讓我提出以下的事實供大家參考吧！

日本地下鐵南北線的沿革

平成3年　駒込至赤羽岩淵段通車

平成8年　四谷至駒込段通車

平成9年　溜池山王至四谷段通車
平成12年　目黑至溜池山王段通車（全線開通）
東急目黑線與相互直通轉運系統開始運行
平成13年　埼玉高速鐵路線與相互直通轉運系統開始運行

如果讓我回到平成6年，我也會投資位於南北線沿線車站預定地附近的高收益物件。

搜集地下鐵通車的相關情報，買下通車後的站前地段，沒有什麼投資比這個更穩當了。

當時的我什麼都不懂，也不曾和K先生進一步談論這方面的事。

・K先生的話之三

K先生說：「要成為有錢人最好要懂些會計。會計也有行業的區別，飯店業也有屬於飯店業的會計知識。」

關於這一點，一直到我日後準備簿記一級考試時都還不能理解。

我是到了自己也擁有幾家飯店後才開竅的。

假若我只擁有一家飯店，K先生話中的真意我大概永遠也無法體悟吧？

飯店業有一套「統一系統Uniform System」，是為了提高各部門管理效率而制定的統一會計準則，外資體系的飯店都是百分之百採用這套系統。

在投資飯店時，可以藉由這套系統將數個物件拿來比較，加以確認，進行投資分析，K先生所講的就是這個。

出自K先生口中的金言玉律，今日的我已經能夠理解，並能看出其中的端倪，然而當時的我只把它們當成耳邊風，聽完就忘了。

所謂的理解

不經一事不長一智，人就是生活在這樣充斥著主觀意識的世界中。

消費行為是一種「自殘的行為」。雖然「酒精」、「脂肪」、「糖分」可以帶給人們快樂，可一旦攝取過量就會危害身體健康。

消費也是如此，不論是為了逃離日常生活的壓力，還是為了滿足心靈的空虛，或是基於補償心理，想要藉由揮霍來滿足自身的虛榮心，一旦毫無節制地使用金錢，或是已經沒錢了卻還刷卡消費，就是在傷害自己的經濟健康。

「等發了獎金就來買○○」、「等存到了○○元就來買○○」、「為了不輸給○○，打算去買這次的新款法拉利」等等的這些念頭，就是儲蓄即消費的自殘行為。有這種思考邏輯的人彷彿置身無間地獄中，只能被無止無盡的物慾糾纏一生，永遠都不可能變富有。

對這種人而言，毫無疑問的，消費是快樂的。他們大概會想：「如果變有錢就可以買自己喜歡的東西。」然而這只是他們處在現今的立場所持的偏見。

人如果真的達到不論喜歡什麼都可以買的境界，因為一路走來已經養成的用錢習慣，恐怕消費對他們而言已經不再是快樂，而是一種痛苦吧。

「什麼都買得起的人會變得什麼都不想要。」

「有錢卻不知道怎麼花。」

雖然弔詭卻也是事實。

沒有養成用錢習慣，卻因為繼承之類的理由突然有了一大筆錢的人，終究只是個把消費和快樂劃上等號的有錢人。只要心態沒有改變，不論有多少錢都會用光，直到山窮水盡、破產為止。這也是當事人主觀意識所造成的業。

正所謂不經一事不長一智，我還沒有到達足以理解K先生講話內容的境界。因為無法理解，所以一無所獲。

於是時間又白白浪費掉了

然後又過了一年，時間是平成7年7月。我到東京已經超過3000個日子了。

我依舊在K先生的住處打工，不願放棄成為億萬富翁的夢想，繼續做著白日夢。同學們都已進入社會，當上了政府官員，開始施展自己的抱負，只有我一個人還在打工，就此渡過25歲的夏天。

在此期間日本社會發生了沙林毒氣事件、還有接下來的警察廳長官遇襲事件、村井秀夫（奧姆真理教幹部）被刺事件、真理教教主遭警方逮捕等引起騷動的重大案件，然而我就好像被時間洪流拋棄了一般，無風也無雨地過著單調的日子。

相信自己夢想終會成真的信念能持續到幾歲呢？

想成為藝人持續參加試鏡的人；想讓自己的樂團登上舞台，年屆三十依舊努力不懈的人，這些人中能順利達成心願實在是少得可憐。

因為一直不得志對自己失去了信心，感覺自己能力有限，大多數的人總有一天會放棄夢想，變成一個平凡的社會人。

到了30歲就該放棄？還是35歲？40歲？

有人因為時不我予，最後成了無家可歸的流浪漢。極少數能站上華麗舞台的人當中，也有人終其一生無法嶄露頭角，永遠只能當別人的陪襯品。

你是不是也曾放棄過夢想呢？

日復一日的打工生活，讓當初剛到東京時想碰碰運氣的發財美夢逐漸風化成遙遠的記憶。

就在這時，我在K先生的辦公室接到了一通K先生學校一位姓H的學生打來的電話。

對方說想來拜訪。

K先生迄今教過幾萬名學生，我想他大概不記得H先生是何許人了，但他又想不出理由拒絕，所以只好讓他過來了。

H先生來到辦公室與K先生談的事，我一點也聽不懂。但依據我的理解，好像利用買賣蠶絲和紅豆賺錢什麼的。簡而言之，是有關投資的事。

雖然收入少的我根本就沒資格跟人家談投資，但後來H先生每天都打電話來K先生的辦公室找我聊天。

他用不慌不忙的溫和語氣跟我訴說他的奮鬥歷程，說他從京都大學畢業後就順利進入京都銀行任職，一路平步青雲，後來因為泡沫經濟瓦解，投資的股票大賠，為了彌補損失只好辭掉銀行的工作，用離職金償還股市的虧損。

雖然我不大懂H先生說的一些關於投資的內容，但我漸漸覺得H先生是位值得信賴的好人。

第3章

負債愈滾愈大

有沒有一條明路可以脫離四處碰壁的窘境？

我找到我的良師益友。我的老師就是負債。而我對老師的回報是打敗它、超越它，這正是我解決這個問題唯一的機會。

看似無害的電話交談卻是惡夢的開始

穩賺不賠的神話

某一天，H先生很罕見地一早就打電話到辦公室來。

他通常都是在我打工時間結束的九點打電話來，這天竟然六點鐘就來電，而且電話中的H先生一改平常不急不徐的溫和語調，聽起來一副慌慌張張的樣子。

「金森先生，你要快點！現在買蠶絲一定穩賺不賠。只要現在買了，一定會上漲一倍。錢的事以後再說，不論如何先買個五十張起來吧！」

「我其他的客戶都紛紛下單了，都賺了大錢。」

H先生焦急的語調讓我覺得將要發生什麼大事了。

那年春天母親為了讓我們兄弟倆住得好一點，搬離那間四疊半榻榻米的小公寓，她將1000萬日圓寄放在我這兒，當做是買屋的頭期款。

看到平常溫和的H先生慌成這樣，讓我覺得蠶絲好像真的會漲一倍的樣子。

話說回來了，如果全部用掉賠了錢，對母親實在難以交代，但如果先挪個300萬來用，等日後翻倍再還回去的話應該就沒問題了，於是我就這麼自作主張地決定先投資個300萬。

當時覺得一成不變的日子實在是悶得慌，或許自己可以因此見識到什麼不一樣的世界。

如果不是抱著這樣的心態，或許我就不會答應了。

在H先生的再三催促下，我立刻前往H先生所屬的投資公司。

那時的我怎麼也沒想到這會是惡夢的開始。

六本木的投資公司

H先生所屬的投資公司就位在當時還未興建的六本木大樓旁。

而如今它依然還在。

現在的我就算行經那棟建築物，也不會心跳加速了。

然而當我負債累累住在六本木的時候，每當經過那家公司的門口，過去那段不祥的記憶就會從腦海裡竄起，我胃部下方就會整個縮緊。

話說抵達投資公司後，H先生已經等在那邊，一旁還有許多營業員神色緊張地在和客戶講電話。

一排又一排的辦公桌上不斷傳來「您要快點！」或「這是個好機會！現在買會漲一倍！」等幾近叫喊的電話交談聲。

第一次來到投資公司這種地方的我完全被現場的氣氛給折服了，自以為發生了什麼了不起的大事。

也許是百年難得一見的好機會出現了，所以大家才會慌成這樣……」

當時的我這麼認為。

公司的牆上排列的全是顯示紅豆、蠶絲、黃金等各種商品市場金額的看板，上面的數字是前一天的交易價格。

我完全被吵雜的電話交易聲給嚇到了，正看得目瞪口呆的時候，這時H先生突然開口：

「金森先生，沒時間了，請先下單再簽要約書吧！這邊請。」

要約書與800萬日圓的保證金

按照他的指示，我答應買下50張蠶絲的期貨，在不久即將開始的早盤市場下了第一筆單。可笑的是當時的我根本就搞不清楚50張蠶絲期貨的單到底是多少錢。

要約書裡記載著我委託投資公司在下列的商品交易所下單。

東京穀物商品交易所

橫濱蠶絲交易所

東京工業品交易所

前橋乾繭交易所

有了這張要約書，我就可以進行紅豆、蠶絲、黃金等各類商品期貨的投資。

簽完要約書後，H先生對我說要匯入保證金，我告訴他我只能匯進一開始打算投資的300萬日圓。

結果H先生竟然說：

「金森先生，我們的業務很重視客戶的存款金額。如果到時你想提領，只要說一聲一定會讓你領到錢的，你就幫幫我，匯800萬進去吧！」

「H先生你這麼講就不對了，我只能匯入自己能力範圍可以填補的金額。我手上的這些錢是跟我母親借的，如果賠掉了就慘了。」

「如果你要用錢，只要用電話告知一聲就可以提領了。我跟你保證。」

結果，在H先生的殷勤勸說下，我匯入了800萬日圓。

我當時實在不了解為什麼H先生會這麼堅持，一定要逼我存錢進去。

「金森先生，沒問題的啦！我認為蠶絲的價格一定會漲，這筆投資一定賺錢。等傍晚價格漲上來了，我一定會向您報告好消息的。」

聽了H先生的話，我覺得安心不少。

「投資專家H先生說的話不會有錯。一定會賺錢吧……」

我的心情頓時輕鬆了起來，就這樣離開了六本木的投資公司。

結果，那天傍晚發生了料想不到的事。

「虧損」不知為何一下子就擴大了

怎麼辦……怎麼辦……

那天傍晚，我滿心期待地等著H先生的來電。

因為投資專家H先生說：

「我認為蠶絲的價格一定會漲，這筆投資一定賺錢。等傍晚價格漲上來了，我一定向您報告好消息。」

所以我一心以為自己買的那些不知數量多少的蠶絲會漲，自己可以賺一筆錢。

然而，我等到太陽下山了，還是沒有接到H先生的電話。

實在等得不耐煩了，於是我自己打電話到H先生的公司去。

夜已經深了，但公司好像還在營業，電話是一位年輕的男性職員接的。

在等待H先生接聽電話的空檔，電話那頭不斷傳來營業員們打電話給客戶的講話聲。

這公司真的是營業到很晚耶……。

我邊想邊等，終於電話那頭傳來了H先生的聲音。

H先生一開口就告訴我說：

「金森先生，晚安！您今天購買的蠶絲因為期貨市場的意外波動，核算價差後已經產生150萬日圓的未實現虧損了。」

「啊？H先生，你是說我已經損失了150萬了？」

「金森先生，不是這樣的。這只是到目前為止計算出的虧損，能不能把本金全拿回來，就看您接下來要怎麼處理了。」

聽到這番話的瞬間，我整個人僵在原地……。

我花了一整年時間打工辛苦攢下的錢，竟然在短短幾小時之間就賠掉了，捅了這麼大的摟子，我的腦袋一片空白，陷入完全不知如何是好的恐慌狀態。

該怎麼辦才好……。

怎麼辦……怎麼辦……。

怎麼辦……怎麼辦……。

怎麼辦……怎麼辦……。

電話那頭H先生還滔滔不絕地說著，但我的頭腦亂成一團，他說了什麼我完全沒聽進去。

已經抽不了身了？

這時，終於回到現實世界的我對H先生說：

「我知道了，既然已經賠了就全部賣掉吧。請您用最快的速度幫我脫手！拜託您了。」

就好像坐在雲霄飛車上從高處急速下墜一般，我的腹部下方因無比的恐懼而痙攣著。

我一心只想全部賣掉自己看都沒看過幾十公斤或幾公噸蠶絲，趕快離場。而且一定要快。

然而H先生卻在電話那頭告訴我說：

「金森先生，這個我做不到。今天的交易已經收盤了，明天是星期六，商品期貨沒有開市。

蠶絲的買賣周末是不能搓合的，所以要請您等到下週。」

聽到此話的我震驚不已，覺得整個世界頓時失去了色彩。

不過幸好遇到週末，損失不致於擴大，我可以冷靜地想想今天一天造成的損失要花多少時間打工才能彌補過來。

那個週末，我滿腦子想的都是自己闖的禍，心裡懊悔不已，肚子一點也不覺得餓，什麼東西也沒吃，就這樣一直待在昏暗的房間內，蒙頭大睡。

這件事我連住在一起的弟弟也不敢說。啞巴吃黃蓮的我只能一個人發愁。

不讓損失繼續擴大的方法

感覺永無止盡的週末結束了，週一的早晨終於到來。

我滿腦子想的都是打電話給H先生，讓他一開盤就將全部的蠶絲賣掉，好讓自己儘速擺脫這莫名奇妙的虧損。

至於該怎麼填補虧損，我根本毫無頭緒，唯一的念頭就是趕快脫離現在的處境，於是我打電話到H先生的投資公司。

「H先生，雖然你說是未實現的虧損，但事實上這筆投資已經在賠錢了。既然虧了，就請幫我全部出脫吧。而且要越快越好！拜託你了！」

我心急如焚。才這麼一點時間就賠了150萬，我擔心若再賣得慢一點損失會更大。

不知H先生能不能了解我的焦急，他以沈著的語氣慢條斯理地對我說：「如果金森先生現在就抽手，那些賠掉的錢就拿不回來了。」試圖想打消我全部出脫的念頭。

說老實話，我真的很急，於是我大聲喊：

「請你儘快幫我賣掉！」

我當時真想大吼，但H先生卻對我說：

「金森先生。我有一個好方法可以讓虧損到此為止，難道你不想知道嗎？現在的你與其為了過去的損失擔心焦慮，還不如去了解該怎麼讓損失不再擴大，這不是更為重要嗎？所以，聽我的話才是上上策。」

不讓損失擴大的方法？難道除了儘早賣掉之外還有什麼其他的辦法？

心急如焚的我腦袋頓時停止思考。

抓住這難得的空檔，H先生在電話那頭繼續往下說。

「像這種時候，有種方法即使行情下挫也可以賺錢，它就是所謂的多空相互操作策略，如果做空（賣），那麼之前買進的損失就可以與賣出所得的利益相抵，虧損不會繼續擴大，你也可以安心。」

我真是病急亂投醫……。

那時的我為了在短時間之內補足母親存在銀行的錢，很快就動搖了，於是我請求H先生說明如何不讓損失繼續擴大，並答應採行多空互作的交易。

那天我下單蠶絲30張，隔天再下單20張，過了一天再下單70張，我聽從H先生的指示，總計共下了120張。

我那時根本不知道自己到底投資了多少錢，到底損失了多少金額。

雖然我聽從H先生的指示進行多空互作，但腦袋裡根本就不知道日後要怎麼將損失填補回來。

我想這種時候人可以有兩種選擇。

①想辦法努力了解，靠自己掌握情勢。

②放棄了解，完全聽從對方的指示。

那時的我選擇了第二種。

我把希望託付給：「不用擔心，一切都交給我」這句話，任憑H先生幫我做決斷。

現在想來，這就好像是將保險箱密碼託付給小偷一樣，然而當時的我已經完全放棄自我思考的能力了。

放開操控命運的方向盤，註定要失敗

「只有這個辦法了」

以為只要交給投資專家H先生就萬事OK的我，實在是無可救藥的天真。

如今的我大概會說：「放開操控自己命運的方向盤，將命運交到別人手裡的人，就算被害得淒慘落魄也沒什麼好抱怨的。」

果不其然，下一個危機立刻接踵而來。

幾天後，H先生來電了：

「金森先生，你的虧損變得更多了。請再匯入追繳的保證金100萬。如果不這麼做，你之前存進去的800萬會全部化為烏有。」

說老實話，我也不想再從事任何的交易，一心只想將手上的商品期貨全部賣出，做個了結，但如果先前投入的800萬全部不見的話，我打幾年工都補不回來。

如果只匯入100萬就可以保住原先的800萬的話，為了降低損失，我也只能照著H先生的話做了。

對當時的我而言，這似乎是唯一的解決辦法。

兩害相權取其輕，人通常會選擇看似損失較少的一方，這不就是人性嗎？

之後H先生又多次要求我匯保証金，每次我都想收手，不再交易，但結果還是被H先生的話說服：「如果不再匯錢進來，不只損失拿不回來，連之前投入的錢也會不見。」我只好含淚繼續將保證金匯入。

這時，為了減輕我的顧慮，H先生會不停地說服我：「如果你真的那麼不放心，我可以保證還本。」

這種口頭上的約束根本就不具任何意義，但當時的我竟連這種不著邊際的話都願意相信。

也許心裡早就有數了，直至平成7年10月上旬，才短短3個月的時間，我把母親存的1000萬全部投了進去，還墊上了自己的存款，總計存入了1150萬日圓的保證金。

已經是極限了……。

我真的身無分文了。

啊，結束了……。

莫名奇妙賠了一大筆錢……。

這下子我該如何收拾殘局呢………？

我已經墜入了絕望的深淵。

然而，這對我惹出的事端來說，只不過是個序幕罷了。

求助無門的時候

才短短3個月的時間就把跟母親借的1000萬日圓，以及自己的存款，總計1150萬日圓全部敗光，真是個愚蠢的打工仔。

這個愚蠢的打工仔就是當時的我。

我的手邊真的是一毛錢也沒有了。

若要補回這1150萬，就當時我打零工的收入來看，就算每月包括房租的生活花費控制在10萬日圓以內，也要花十年時間才賺得回來。

話說回來了，就算花費10年的時間把虧損全賺回來，回到原點重新出發，到時我也已經35歲了。

這往後的日子還怎麼過呢？

我每天都為了這無解的問題煩惱不已。

如果白天打點零工，或多或少找點事做也好，但我卻提不起勁兒來，白天就在

Eurobeat音樂放得鏘鏘作響的飯田橋站前小鋼珠店內浪費金錢，晚上從澡堂洗澡回來時，就到便利商店買瓶１００元的鋁箔裝清酒和弟弟一邊對飲一邊抱怨，整天渾渾噩噩地過日子。

母親有時會打電話來跟我說「你同學連絡說要開同學會哦」，但我怎麼也無法開口對她說她存的１０００萬已經賠掉的事。

我對母親滿懷內疚，一心只想快點掛上電話，所以總在母親的話還沒講完時就：「我要掛囉！」倉促結束對話。

在這種情況下，有一天我突然接到H先生的電話說想見個面。

老實說我已經不想再和H先生講話了。身無分文的我已經沒有任何利用價值了，他想跟我講什麼呢？我實在很好奇。

然而，要說自己對於H先生完全沒有期待那是騙人的。當時求助無門的我心裡還抱著一絲期望，盼他會帶來什麼解決的辦法。

結果我聽到的是：「事實上我有一個好方法想和金森先生談談……」H先生又來當說客了。

不能踏入的「無底泥沼」

總結起來，我將H先生的方案概略敘述如下：

雖然我的錢的確都投進去付保證金了，但這並不是真的賠掉了，說到底它終究只是潛在的虧損，只要可以再投入新的資金，就有可能將這些保証金拿回來。

如果就這麼放著不管的話，等到多空交易規定結清的日期一到，全部的保證金都將化為烏有。

「喂，H先生，你還要我怎樣？我信任你，一切交由你處理，結果才落到今天這個地步的。

而且H先生不是跟我說過會保證還本嗎？這個保証你又怎麼說？我已經沒有任何資金可以投入了。我的錢不是都被你們公司拿走了嗎？」

「金森先生，這就是我今天特地花時間來向你說明的理由。金森先生你可以向你打工的老闆K社長借1000萬呀。

如此一來，靠著這些資金，之前的損失不就可以全拿回來了嗎？」

我嚇得心噗通直跳。因為自己無知惹出了這麼大的禍，我實在沒那個臉把K先生也扯進來，開口向他借錢。

況且這些錢如果投資失敗還是非還不可，這是理所當然的事，沒有人能保證絕對不會出錯。

我還在躊躇不知該怎麼做時，H先生說了一句我意想不到的話。

「如果金森先生開不了口，就讓我來代勞吧！」

總而言之，當時的我真的是沒有自覺。

如果連自己開不了口的話都有人可以代勞，那就照辦！這就是我當時的想法。於是我聽從了H先生的安排。

之前，這個世界將我手上的現款全部奪走，將我的存款吸乾，讓我的現金刻度從滿水位一下子歸零。

然而，即使我賠掉了花費10年也賺不回來的金錢，至多就是歸零，最差也不過如此。

可是，卻在這一瞬間，我一腳踩進無底的泥沼裡，賠掉不屬於我的錢。

我事後才知道，在打電話給我之前，H先生已經先和K先生打過招呼，並得到K先生的承諾，答應要借錢給我了。

其實K先生也聽了H先生的話，自己投資了好幾千萬，所以對我借錢投資的事，並不會心生排斥。

如果不是如此，就算K先生再怎麼富有，也不會借1000萬給我這個沒有正職的打工仔吧？

此外，一直到很久之後，我聽到期貨交易受害者的親身經歷才知道，期貨交易員經常借錢給親戚朋友，讓他們的投資金額增加，以此手法勸誘他們投資。

總之，H先生的方案只不過是全盤計劃中的一部份罷了。

而我終於一腳踩進了絕對不能踏入的無底泥沼之中。

缺乏自覺終讓人生失序

1000萬日圓的借據

絕對不能涉足的、深不見底的死亡泥沼，就是我那天一腳踩進的融資交易。

說句不怕非議的話，在市場上交易，或許幾週內就賠掉自己上千萬圓的積蓄，賣光祖先代代傳下的房產與土地，但這一切都還可以重新來過。

或許什麼都沒有了，但還是可以從零再出發。

也就是說，可以重新再來算是幸運的了。

期貨交易的可怕之處在於它會讓賠上身家的客戶向親友們借錢，讓他們陷得更深。而這是最初就設定好的，而且還予以系統化，讓它成為業務的一環。

換句話說，賠掉原本不屬於自己的錢，這就是期貨交易最可怕的地方。

我沒有資格去責備H先生。

因為只要我想拒絕H先生的建議，我是可以拒絕的。而且，如果我拒絕了，損失就僅限於1150萬日圓了。

然而，人真是有趣的動物，即使壓根兒就不相信可以賺到1150萬日圓的人，在面對可以將已經失去的1150萬日圓賺回來的提案時，也會難以抗拒，選擇相信。

在當時的我看來，H先生所言，可以將損失全部拿回來的提議實在是非常吸引人。

而且，我明明心裡也有疑惑，懷疑H先生提案的可信度，但一方面又想藉由這個謊言逃避眼前的絕境，這或許就是所謂的「阿Q心態」吧？

這是二十多歲的人因為不夠成熟而引來的業障。

結果，我聽從了H先生的安排，向K先生寫了張借據。

借款日　平成7年10月6日
借款30萬日圓，年息一分二厘
利息每月各支付3000日圓。本金於平成8年10月31日一次付清。

借款日　平成7年10月9日
借款970萬日圓，年息一分二厘

利息每月各支付9萬7000日圓。本金於平成12年10月31日一次付清。

平成7年10月，我總計向K先借了1000萬日圓。

儘管H先生說一切都安排好了，但我只是個打工仔，收入又不多，要如何償還如此巨額的欠款呢？我擔心不已，開口詢問H先生。

這個借據每個月單付利息就要10萬日圓，而且利息是12％的高利，我連付利息都有困難了，本金要怎麼還呢？借據簽好的那一瞬間，我實在覺得很不安。

對於我的不安，H先生若無其事地回答道：「金森先生真是瞎操心。又不是要一直借下去，只要月底前賺到了利息，把利息還一還不就好了嗎？」

最後回頭的機會

於是，平成7年10月6日，我在K先生的辦公室簽下了1000萬日圓的借據。

在用印的那一瞬間，我的下腹抽搐了一下。

「會不會到時還不出借來的1000萬日圓呢？」

那一刻，我看見在場的H先生臉上露出竊喜的微笑。

我終於一腳踏入了死亡的泥沼。

有個詞彙是「POINT OF NO RETURN（最後回頭的機會）」。

比方說，當人呈現腦死狀態時，就等於來到了鬼門關，一旦越過了這一道關卡，人就沒了生還的希望，只會慢慢死去，不會再活過來。

它的意思就是：「一旦跨出這一步，就再也無法回頭了。」

當我把自己的錢賠光時，如果可以不顧面子、不理會外人的閒言閒語，一切從零開始就不會有問題，但我卻向周遭的人借錢，繼續進場投資。

「向周遭人借錢的那一瞬間」

就是所謂的最後回頭的機會吧？

而我卻在平成7年的10月越過了這道界限。

如果維持目前狀況也就算了，誰知竟越陷越深

期貨交易的可怕之處，就是會讓傾家蕩產、身無分文的人不斷地向周遭的親友借自己不知該如何償還的金錢，越陷越深。換言之，**「如果被害者稍有自覺的話，會發現自己已經變成了加害者。」**因此，這不僅是金錢損失的擴大，搞不好連人際關係也會全部賠進去。

第二次出紕漏

平成7年10月，我一腳踩進了絕對不能跨入的無底泥沼——「用借來的錢投資」，一共向K先生借了1000萬日圓。

平成7年10月上旬，正是我越過最後一道關卡——「一旦跨出去就再也無法回頭」的一天。

之後，我每天聽從H先生的指示，投資紅豆、蠶絲、橡膠等期貨交易，同時，我

的損失也不斷地在擴大。

老實說，我真希望有人可以強迫我停止這種失序的投資交易，讓我的心靈重拾平靜，回到自己一個人怎樣都無所謂的輕鬆狀態。

每天夜晚當我就著四疊半榻榻米房間的昏暗燈光和弟弟對飲時，心裡就悔恨不已，因為我已經無法再回到平常的生活了。

我已經無法到一般的公司上班，像平常人那樣結婚，連過個平凡的人生也不可能了。當然，我更不可能向銀行貸款買自己的房子，我也不會有自己的家了。

揹負著巨額欠款，整天為債務所苦的人，要怎麼過正常的生活呢？等在這種人前方的，絕對是不正常的人生。

這時，發生了一件讓我頭痛的事。

平成7年10月初，我私下動用母親的１０００萬日圓，又向K先生借了１０００萬日圓，然而才短短一個半月的時間，11月下旬，我向K先生借的１０００萬資金又見底了。

１０００萬，如果是用在日常生活的開銷，一個半月是絕對花不完的，然而它卻好像水滲入砂裡似的，一下子就被期貨交易的無底泥沼吸得精光。

從我出生到現在都還賺不到１０００萬日圓呢，卻在一個半月內全部化為烏有。

何況我才剛闖了第一個禍，把母親的存款全部賠光，誰知才短短時間又捅出了第二個摟子，我真的不知道要怎麼辦。

還有，這1000萬日圓的金額必須在平成12年10月31日全數歸還，就算再怎麼不願承認，這個嚴峻事實還是逼我不得不去面對。

我要到哪裡去籌這些錢呢……不說別的，現在的我連每個月10萬日圓的利息都付不出來……。

玩完了

已經不能再拖下去了。

對我而言，現在唯一的解套方法就是趕緊向K先生借錢。

而且因為是第二次借錢，所以我的臉皮也變厚了。

要不是臉皮變厚了，應該也無法在剛借了1000萬的一個半月後，又開口說要借600萬吧？

我在平成7年的11月再次向K先生借了600萬日圓，並簽下了借據。

K先生一句話也沒說，就把600萬借給了我。

借款日　平成7年11月28日

借款600萬日圓，年息一分二厘

利息每月各支付6萬日圓。本金於平成12年10月31日一次付清。

於是，我又把錢投了進去。

然而，這時虧損卻像雪球般越滾越大，我的投資頻頻失利。

於是，為了匯入保證金，我不斷向K先生借錢，錢不夠我就簽借據，已經到了不借錢就活不下去的窘境。

被追繳的保證金差額不斷增加，不管匯入多少錢還是追不上它增加的速度。

這時的我一整天埋在電腦前看盤，過的已經不是正常人的生活。

吃到好吃的東西也不覺得好吃，看到有趣的事物也不覺得有趣，心裡有的只是無邊的焦慮。

漸漸地，我連利息都快付不出來，想當初H先生曾經說過：「金森先生真是瞎操心。又不是要一直借下去，只要月底前賺到了利息，把利息還一還不就好了嗎？」，還真叫他那張烏鴉嘴給說中了。

這時我也比較通曉人情事故了，我發現H先生的說詞只是為了要讓我不斷地交易，好藉此提升他的業績。

只是，我這個散戶要自己操作八成也是失敗，所以一切也只能聽從H先生的指示。

光是每個月的利息就讓我喘不過氣，於是我找H先生商量，然而他還是「我的新年新希望就是一定要賺錢」、「利息只要從期貨市場裡賺就行了，用不著擔心」一個勁兒地花言巧語，完全拿不出具體成果。

我根本就被當成是冤大頭。

結果，我在平成8年6月被逼簽下字據，當用計算機結算出我自平成7年11月29日以來的借貸金額時，我簡直驚訝地說不出話來。

這一年以來，為了彌補財務的缺口，我借貸的總額竟高達2300萬8983日圓。

借款日　平成8年6月4日

借款　2300萬8983日圓，年息一分二厘

利息　每月各支付23萬日圓。本金於平成12年10月31日一次付清。

我已經玩完了，再也想不出辦法了。

K先生也明確地告訴我，他希望我的借款到此為止。

想當然爾，這是理所當然的事。借好幾千萬給一個沒有任何擔保品的打工仔，這

通常是不可能的事。

最後的虧損金額

被K先生切斷資金源頭的我已經無計可施。

束手無策的我從K先生位在九段的辦公室蹣跚地走回自己公寓，我不得不去計算至今到底總共投資了多少金額。

那時我投資所用的錢全是靠借錢來維持的，生活上的可用花費幾乎為零。

我花了幾百萬日圓從事投機交易，自己的生活費卻一毛不剩。

於是，我住進了一處全區最便宜，由舊倉庫改建，終日照不進陽光，陰暗潮溼，牆壁浮滿灰色霉斑的房間。

我回到連白天都得開燈，不然就伸手不見五指的房間裡，從壁櫥裡拉出一張折著腿的折疊式矮桌。

然後，我將之前看了就發愁，一直收在塑膠袋裡的期貨交易對帳單一股腦兒地全倒在矮桌上，按日期依序排列。

平成7年7月14日匯入800萬日圓

平成7年7月24日滙入100萬日圓
平成7年8月21日滙入50萬日圓
平成7年9月8日滙入100萬日圓

我照著日期依序排列，透過手中的這些單據，我終於知道期貨交易將這些巨額資金一一吸乾的過程。

要去計算這些交易最後到底產出多大金額的虧損，實在是件痛苦不堪的事。

平成7年9月12日滙入100萬日圓
平成7年10月9日滙入60萬日圓
平成7年10月11日滙入970萬日圓
平成7年11月28日滙入600萬日圓

我將這些數字一個接著一個，用力地鍵入計算機內。

這一筆筆投入的金額，也就是損失的金額，不論是哪一筆，只要用其中的百分之一就可以享受一頓美味的大餐，讓自己感受到幸福的滋味。然而，這些錢就像我沈迷於小鋼珠、不斷砸進去的那些一樣，我一毛也沒用在自己身上，就這麼白白地不見了。

平成8年4月19日匯入100萬日圓
平成8年4月23日匯入270萬日圓
平成8年4月26日匯入230萬日圓
平成8年4月30日匯入730萬日圓

我一面咀嚼金錢苦澀的滋味，一面默默地敲著計算機。
賠掉的金額，是當時靠打工維生的我想也想不到的。
然後是最後的交易……。

平成8年5月1日匯入125萬日圓
平成8年5月27日匯入200萬日圓
平成8年5月29日匯入153萬日圓

這一筆筆都是我為了進行商品期貨交易所投入的保證金。

如果欠下的債務一輩子也還不了，該怎麼辦？

5000萬日圓的虧損

從第一次交易開始到結清帳戶為止的第11個月，這期間我進行過的交易合計共有225筆。

我匯入的保證金總額是5325萬5640日圓。

然後，扣掉結清帳戶後剩下的餘款79萬3845日圓，計算機上顯示出我的虧損總額為：

52，461，786日圓

五⋯五千萬⋯⋯。

當數字顯現的那一瞬間，按著計算機的手指直打哆嗦。

可以買下一棟房子的金額，我才短短11個月的時間就全賠光了。陰暗的房間裡，我蜷在散發著霉味的榻榻米上，靜靜地咀嚼著自己要打工22年才賺得回來的損失。

望著交易對帳單，我還有一件厭惡卻不得不去注意的事實。H先生的投資公司從我這兒收取的交易手續費，也就是H先生把我當冤大頭的11個月裡所賺得的手續費，實際金額高達1458萬8500日圓。

當下我體悟到，這世上確實有一群人靠吸窮人的血過活。我如今更體認到商品期貨公司就是靠著顧客的損失和悲哀而壯大、成長的事實。

我後來才聽說，當時從銀行換到投資公司上班的H先生因為開發不到客戶，被列入了業務部縮編的裁員名單，幸好找到我這頭肥羊，他才得以留任，高興得不得了。

此外，當時的我還不是很清楚，除了H先生之外，還有人因為我的期貨交易慘賠而獲利，而這個人就在我身邊。

等我弄清楚時，已經是好久以後的事了。

久違的安寧

回過神來，我已經一頭鑽進充滿著溼霉味的被窩裡睡覺，連燈都忘了關。

已經有一年的時間沒能像現在這樣熟睡了。

這一年來，我白天因為期貨交易市場上幾百萬日圓的虧損而膽戰心驚，整個腦袋又痲又累，疼痛不已，隱約覺得有一大堆事要解決。

每當電話聲響起我的心就砰砰地跳。

大多數的電話都是H先生打來報告損失狀況的，內容都是紅豆賠了多少，橡膠賠了多少。在這種情況下，我白天根本無法好好休息。

到了晚上躺進被窩裡，想的還是白天交易造成的損失，實在難以成眠，我的腦袋一刻也無法擺脫期貨市場的種種。

此外，在無法熟睡的夜裡我也會一夜醒來好幾次，「今天這項賠了〇〇萬，那項賠了〇〇萬～」已經養成不斷在腦子裡計算損失金額的習慣。

連作夢我夢到的也都是交易失敗的事，每當夢到損失擴大、直冒冷汗的情景，我就從夢中驚醒，這就是我每天過的日子。

人這種生物不論遇到何種狀況，都還會抱持著一絲希望，期待那1％的可能。

從客觀的立場來看，損失的金額已經擴大成好幾千萬了，怎麼看也知道不該再有期待了，但心裡還是期望能出現奇蹟，讓市場的情勢逆轉，損失變小。

因為不肯放棄，拚命掙扎，所以才會夜不成眠。

然而，如今K先生不再借錢給我，我也不能再進行期貨交易了。我的虧損金額總算塵埃落定，而或許可以得救的一絲希望也完全破滅了。

內心不斷掙扎的結果讓人夜不成眠，如今已經不需要再掙扎了，人遇到這種最壞的狀況反而睡得著覺。

今後還不知道會發生什麼事，但無論如何我的虧損金額已經確定了，我覺得自己的腳總算碰到了泥沼的底部，反倒有了安心的感覺。

在房裡把之前交易的金額用計算機算了一遍，知道了這個巨額的虧損數字後，我下意識地鑽進潮溼的被窩中，就這麼亮著燈呼呼大睡了起來。

一覺醒來時，第一個想到的是今天的行情不知如何，然而立刻驚覺到：「啊，已經全部結束了。」我又再度陷入熟睡。

也許是心裡的一塊大石終於落了地，之前累積的精神的、肉體的疲累一下子全部釋放出來了吧？我一連昏睡了好幾天。

能夠睡得這麼舒服，睡到忘記一切，真的好久不曾有過了。

人生的教育

「只要一步踏錯，或許就會因為這超過5000萬的債務而失去性命」

一旦現實擺在眼前，我才開始了解自己的處境。

我已經沒有任何選擇的餘地了。

同時我也察覺自己在東京的這六年時間，根本就不曾真心探究成為富翁的真正方法。

到現在我還經常會想：如果那時我沒有揹負巨額債務，我可能依舊沒有自覺，平凡終老，夢想著成功，卻什麼事也沒做地過完一生……。

會不會發現什麼好生意呢？

會不會找到某個幸運的人脈？

會不會打探到什麼特殊的訣竅？

這種不肯自己作主的念頭長年在我心中打轉，我一直置身事外、推諉卸責，沈浸在誰可以為我做些什麼的想法中。

然而，如今的我已經不容許再有這種碰巧因為某個機會、某人、某項產品而發跡的想法了。

想著這些事的同時，我的負債也以一年600萬、利滾利的驚人速度不斷膨脹。

這一刻我了解到以下的事實。

①人生的問題，只有靠自己才能解決，其他人誰也解決不了。

②如果只應付眼前的狀況（每年產生的600萬利息），將永久無法根本解決問題。

③自己無法全盤掌控的辦法，就不是解決問題的方法。

而且，在思考這三個事實時，我想到以下的做法：只要還有一丁點的可能，就不要依賴他人，用自己的方法架構一個概念，以此概念為基礎，規劃出「有道理可循的億萬富翁養成法」，然後予以實踐，一邊預測可能發生的意外，一邊想好解決之道。

思索這個「有道理可循的億萬富翁養成法」，就是我今後的人生課題。

按時下的講法就是我找到了我的良師益友。我的老師就是負債。而我對老師的回報（打敗老師，超越它），正是我解決這個問題的唯一機會。

是否要把握這個機會，我根本就沒有選擇的餘地。

因為如果我選擇放棄，巨額的債務會把我壓跨，等在我前方的就只有死路一條。

如果我好好把握這個機會，找出了「有理可循的億萬富翁養成法」，我就可以擺脫巨額的負債，而且擺脫這些巨額負債後我可以繼續靠著這個方法，成為有錢人。

我的人生教育，終於在這一刻開始。

第4章

一堂「無價」的人生課程

原本看不清的企業賺錢訣竅，慢慢都能看清全貌欠下鉅額負債的人已經走在不同於一般人的道路上了，所以將來的人生不論好壞，都不可能再和普通人一樣。

就算現在再糟糕，人生的機會早晚會來！

先從問題著手

當遇到了未知的問題時，你會怎麼解決呢？

我經商至今，代書事務所、不動產公司、飯店、餐廳、牙科醫院，對我而言這當中沒有一個是特定的問題。

只應付特定問題的人，一輩子就只能侷限在一個業界、一種行業。

這會讓世界變得十分狹隘。

但就事實而言，這世界大部份的人終其一生都只處理特定的問題。

一生只應付特定問題的人，他們的處理方法就是依循業界的一般規則來解決問題。

碰到這種有範例可循的問題，他們只要詢問同事、同業，或是專家等等就足以應付。

在這個效法他人經驗的世界，只要著眼於過去案例的類似與差異之處，問題就可以解決。

特定問題的解決方法就是以一般狀況為前提，得出單一結論的推論方法，一言以蔽之就是演繹法。這種演繹法只要前提條件符合，結論就絕對不會錯。

可是，無法預料的未知問題就不能用這種方式解決。

想要解決「如何成為億萬富翁」這個問題，就算詢問同事、同業、專家？（如果真有這種專家的話），我想也不可能得到什麼一般的、普遍的對策？

要解決未知的問題，就只能採用歸納法，也就是從個別的特殊案例中，找出一定的共通法則。

這種歸納法是藉由觀察眾多案例找出特定規則的方法，所以一定要收集許多的案例才行。

那時的我不知如何在有限的時間內處理問題，在毫無頭緒的情況下，我決定先從收集眾多案例著手。

因為當時網路還不是那麼地普及，所以我只好利用手邊有限的雜誌，像「月刊／用頭腦賺錢的時代」等等，仔細地搜尋上面刊載的公告，一一聯絡負債累累或是過去曾經負債的人，與他們對談，藉以收集相關的案例。

谷底越深……

如今想來，像我這樣與負債累累的人們見面、談話的做法，就那個時代的歸納法而言，不失為一個好方法。

換成是現在，因為有網路存在，要與特定的一群人取得連繫大概就不會這麼困難。只要能想到用歸納法來解決問題，作法有千百種。

或許我們還可以從這些收集的案例中，找出超越個人成見的結論也未可知。

然而就那時的我來說，要找出世上負債累累的不特定多數、與他們取得連繫，唯一的方法就只有仔細搜尋雜誌公告，製作成冊，再一個一個找他們談。

儘管如此，只要下定決心就一定可以找到方法，這不管在哪一個時代都一樣。我後來拜訪過的人，總計超過一百位以上。

和這些人會面時，我一直提醒自己，不要急著以這些人的親身經歷為基礎，自己妄下結論。

因為我已經沒有時間去嘗試不同的解決方案了，就算真的找到幾乎萬無一失的辦法，也不能保證我絕對可以從每年600萬利息、以複利方式不斷膨脹的債務中止血、脫身。

機會只有一次。我要傾注我所有的心力，等待機會到來的那一天。

我當時還沒有求出結論，只是埋頭專心地收集所有可能到手的案例。

這其中，有因為不動產投資失敗，逃稅30億，導致公司破產的前企業主；有因為押對寶而一夕致富，最後卻自食惡果，淪為打零工過活的人，真的是形形色色的人都有。

也有很多人不甘心一直待在失意的谷底，積極尋找東山再起的機會。

他們的人格特質跟我拜訪的那些因1000萬消費信貸而煩惱的人完全不同。

會煩惱小額債務的人經常被眼下的還款壓力逼得疲累不堪，顯得垂頭喪氣，然而，很多欠下巨額負債、工作一輩子也還不清的人反倒都抱著有天會走運發財的希望，看起來意氣風發。

想一想這兩者之間的差異，我發現會欠下巨額債務的人大多數都是因為做生意，而非消費。

然而，當時的我還是悟不出任何道理。

不過，欠下鉅款的那些人曾不約而同地對我說：**「欠下巨額負債的人在這個時點已經走在不同於一般人的道路上了，所以將來的人生不論好壞，都不可能再和普通人一樣。」**

正所謂：「山谷越深，山就越高。」

這樣的說法在當時並無法帶給我安慰。因為我不並想與眾不同，我只是想擺脫貧窮而已。

我的多重人生

揹負巨額欠款的人，有人的故事像是虛構的，有人的故事則有著意想不到的結局，這些人很多都已經往生了，或是正從這世上消失中。

我就從中舉幾個比較無傷的例子吧。

M先生（自稱是一家新公司的企業主）不把負債當回事，到處利用假財報吸金，和情人一起在代官山和西麻布一帶奢華玩樂，最後自己為人生拉下謝幕，在韓國自殺，沈入水底。

M先生是所謂的基層出身，靠著舌燦蓮花的簡報功力營造他事業成功的假象，並輕鬆上市，吸引許多人投資，但其實公司的財務狀況糟糕透頂。

他總是這手借那手還，資金流來流去，多的錢就用來玩樂。

每當錢不夠用時，他就故計重施。

同樣負債累累的我或許沒資格說這些話，但我的個性向來謹慎，就算再怎樣，我也無法用借來的錢和情人一起玩樂，高枕無憂。M先生是不是打一開始就沒打算要還錢啊？這大概只有天知道了。

另一位O先生（專印應召女郎傳單的印刷廠）與岳母兩代同堂一起住，最後被錢逼得走投無路，在位於町田的自宅中上吊自殺。

這位O先生是一位我無法憎惡的人。他是從事飯店業的，人非常誠實，外表就是一副飯店從業人員的模樣，整齊得無懈可擊。

他說話的樣子溫良和善，如果做正業的話應該會很成功才是。如果他還活著，或許現在就在我的飯店工作了。可是他誤信損友，受騙上當，被認識的人拐進了發財的圈套，欠下一身債，最後還辭掉了飯店的工作，因為下定決心要還清債務，他轉行開印刷廠，專做應召業的傳單，就此越陷越深。

他本來人就老實，再加上太想還清欠款，所以只要聽到可能賺錢的機會他就向人借錢投資，「也許這麼一來債務的問題就解決了。」不料最後自己竟成了詐騙集團的一份子，是一個越想掙扎就勒得越緊的典型案例。

自從我還清負債，重新站起來之後，O先生不知為何就把我當做大師般崇拜，後來還把自己經營的印刷廠行號改成我的名字（到現在O先生的電子報還停留在他自殺那天的日期，沒再更新）。他留下向我借的幾百萬欠款，到另一個世界旅行了。他的性格實在讓人無法憎惡。

O先生，這些錢就請當成我敬奉的奠儀吧。和O先生做生意的那幾年歲月真的很開心。您老是掛在臉上的笑容讓我學到許多。

謝謝您。

T先生告訴我他自中學畢業後就立刻加入了日本自衛隊，有一次看到經營小鋼珠店的友人將老舊的機台丟棄，心想或許可以把這些當成練習的機台販售，於是就和報導小鋼珠秘技的雜誌接洽，以便宜的價錢在雜誌上刊登廣告，也是這個機會讓他開始做起了小鋼珠機台的通信販售生意。

那時這個行業還沒有什麼競爭對手，買過機台的人每當有機台出售時就會接著買，於是顧客越來越多，後來獲利高達上億日圓，當時20歲的他就靠著自己的力量開了兩家店。最後T先生因為要更新機台，向高利貸借錢周轉，結果搞得兩家店都倒了。

T先生告訴我說：「我只有中學畢業，所以對資金的概念根本就是一知半解。金森先生最好能早點學習會計這門課。」

他30出頭時再次積極尋找致富的機會。

T先生平時為小鋼珠店諮詢、幫忙，以此賺取生活所需，同時也藉機尋找通信販售的商機。如果找到了門路，他就在雜誌上登廣告，觀察消費大眾的反應。像是幸運錢包啦，或是海藻減肥皂啦，他開發各式各樣的商品，嘗試過各種方法。

如果可以的話，我應該會明確地告訴大家自己從這些人身上學到了什麼，但我並不急著下結論。

因為這些人的成功法則大多是他們自己經歷的一種模式，大部份的人並無法依這模式再次獲得成功。

機會只有一次。我沒有再重新來過的本錢。所以在還未擁有絕對的自信之前，我絕不妄下斷論。

當時的我在做什麼呢？我在吸收各種經驗，並且不斷假設「如果我的人生是這樣」，藉以吸收別人的經驗成為自己的，為將來的可能狀況做好萬全的準備。

換句話說，我把自己當成M先生、O先生、T先生，記取各個欠下巨額負債的人所經歷的遭遇，模擬種種不同的人生，讓這個集眾多經歷於一身的自己做好準備，以迎接不知何時到來的唯一機會。

不受特定事件制約、不依賴特定環境的通用法則到底是什麼？

我還找不到這個問題的答案。

家庭旅社

就這樣，我不斷地訪談揹負巨額債務的人，在此同時，我的利息也以每個月50萬的速度不斷增加中。

而且我很討厭弟弟在我面前提起這個事實。

「哥，你每個月的負債一直在增加耶……再加上利息什麼的，你到底有什麼打算呢？你不打算還嗎？你找個工作賺錢，把利息還一還會比較好吧？」

每當一提及負債的事，我就會勃然大怒，我們之間的爭吵與日俱增。

一旦被點出自己的痛處，只要對方所言越是事實、越無法反駁，人就會越生氣。

或許這一份焦慮是由於自己的沒出息，但怒氣的矛頭卻不由自主地指向道出事實的對方。

由於我們每天都為了這件事爭吵，到最後彼此都疲累不堪。

終於我再也待不下去，離開了和弟弟同住的公寓。

後來透過因負債而認識的N先生介紹，我搬進一家位在早稻田鶴巻町的家庭旅社。

在今天它有個時髦的名字，叫做民宿，但在當時人們都稱它做「家庭旅社」或「外籍賓館」，一些租不起房子的外國人、日本人，因某種原因流浪在外的人都在這個地方逗留。

為什麼日本人會住在這裡呢？因為這個地方不要求保證人、不問出身，只要付一點錢就有共用的房間可睡，只要付得出每個禮拜預付的租金，就算沒錢給押金也可以入住。

在這個家庭旅社裡，如果不想提及彼此的背景也沒人干涉，你可以整天關在房裡，如果想和人相處就到廚房集合，和大家一起說說笑笑、融入團體，是一個可以拿捏彼此距離，讓人自在的地方。

這並不是什麼恩澤

N先生

介紹我到這家民宿的N先生經常跟我說起他小時候父親去世，打從被叔叔收養後就遭受叔叔性虐待的事。可是，因為N先生那時還無法自食其力，所以只好忍耐，等待自己長大成人的那天到來。那是我第一次聽到受虐兒童（Adult Children）這個名詞。

後來上了中學在學校演出話劇，發現了自己這方面的才能，於是他決定朝演藝之路邁進，離家自立更生。

可是，某次趁著演出結束、去印度旅遊的途中，他卻被人偷走了護照和全部的財產，還經歷了吸毒、性侵等種種悲慘的境遇，等到好不容易回到日本時，他的精神已經受創甚深。

他時常喝了酒大發脾氣，向住在家庭旅社裡的人挑釁，或許因為服藥、肚子容易餓，他常常一個人吃光電鍋裡所有的飯，但平常沒事的時候他卻非常溫和，臉上總是掛著微笑，是個很奇怪的人。

聽說N先生回到日本之後靠跑單幫過日子，做了一半改行賣春，並因此存了一筆錢。

誰知他聽信一位恩客的話，也就是前面提到的那位逃稅30億日圓的前企業主，因為對方的投資謊言賠上了自己辛苦賣肉攢下的幾千萬，所以才會過得這麼慘。

雖說這是N先生自己太笨，但這樣的例子在世上卻是屢見不鮮。我自己也受了H先生的騙，賠掉了5000萬日圓，根本沒有資格說人家什麼。我和N先生都是前途無亮的人。

有時我會和N先生在深夜偷偷潛入早稻田大學的校園裡探險。每當走在大學的校園裡，總會遇到一群不在乎夜有多深，依舊放聲高歌的人。

在東京生活的人這麼多，每個人都有各自的夢想和煩惱……。

黑暗中，我倆看著教會在深夜裡放出的迷濛燈光，聽著遠處傳來的歌聲。

在這個家庭旅社持續住了半年之後，我接到了弟弟打來的電話。

K先生的話

「哥，K先生來電說有事想找你談。不知是不是債務的事，你要不要和他聯絡一下？」

我已經有很長一段時間沒有和K先生聯絡了。

自從平成8年5月29日那次交易之後，算算已經過了10個多月了。

在這段期間，單單利息就不斷膨脹，我仗著K先生說過的話：「只要還得出來，就算是匯個一萬、兩萬進去也沒有關係。」每個月只匯一點點錢還他。

話說回來，偶爾打打零工的我只能賺取最起碼的收入，就算想還也還不出來。我唯有形式上加減還個意思，隨便搪塞一下。

因為付不出利息，所以我實在不想主動打電話給K先生。

而且在這段期間，我單純地以為K先生說能還多少就還多少是出自他的一番好心，根本就搞不清楚狀況。

如今想來，K先生並不是因為善意才對我說：「只要還得出來，就算是匯個一萬、兩萬進去也沒有關係」。

K先生是在爭取時間思索討債的對策，而且他是為了怕時效中斷才會要求我支付部份的利息，讓利息繼續滾算、不斷膨脹。雖然債務人已經承認自己的債務，但這種承認的時效可以中斷，待日後再接續計算，而讓債務人支付部份利息就是承認債務存在的行為之一，時效也因此不致中斷。

他對我說：「只要還得出來，就算是匯個一萬、兩萬進去也沒有關係」的這些話，只不過是要讓時效不致中斷罷了。這並不是什麼特別的恩典。

那時候，K先生的初步調查大概也告一段落了吧？他是為了要從我這兒得到一些保障才打電話來的。

以K先生的立場來看，在沒有保證人的情況下，單憑借據就借出好幾千萬，他的確得做一些安全措施。

而對於不知情的我來說，我純粹是因為只還得出一點利息，對K先生深感愧疚，所以才打電話約他見面。

與K先生的談話重點大致如下：

- 希望那些借據能經過正式公證程序
- 希望借據加上我父母的名字，當我的保證人
- 介紹我到K先生朋友的公司上班

簡單地說，之前他暫時放我自由，私下進行了種種調查，現在調查結束了，也差不多該把我關進籠裡，好好處置了。

如果工作的地方由K先生來斡旋，將來比較好掌握，情勢對他也比較有利。

而且認識給薪的公司，當做好公證、準備執行的時候，要查扣薪資、強制行使債權也比較好辦。

換成是陌生公司，債務人有可能會和僱主勾結，用低報薪資的方法讓債權人無法強制行使債權。

由於這個緣故，我在27歲時進入一家位在目黑區住辦大樓裡的不動產公司工作。

籠子終於框好了，我開始被牢牢地圈禁起來。

K先生備妥了一張公證書的草稿，其內容中載明這一年來產生的利息也要合計在本金之中。換言之，他告訴我一年之內能還多少就還多少的意思，絕對不是不和我計較利息，這些違約金也要計算利息，以年息12％的利率利上滾利。

而我卻自以為是地誤以為我可以付多少就付多少，甚至可以不用付利息。我真是無可救藥的天真。

另外，關於保證人的條款，因為我已經私自賠掉了母親的1000萬日圓，不能再給母親添麻煩，所以就拒絕了。

我的父母從頭到尾都不知道這件事，我不難想像如果他們知道了會有多驚訝。

至於K先生最後一項有關工作的要求，我沒有理由拒絕。對K先生而言，我有固定的收入對他的債權才有保障，而就我自己來說，從事正職工作在社會上歷練，對今後的人生也有幫助。

於是，我在K先生軟硬兼施的攻勢下，不得已答應了公證的要求。

那年夏天當我簽署公證書的時候，才知道K先生幫我介紹工作的真正理由。

事實上公證書中有一項關於本人的特定欄位，就是「職業」。

K先生在向我提起公證書一事時，恐怕自己已經先擬好一份草稿了吧？他當下注意到了職業這個項目，考慮到假若我的職業欄上寫的是「無業」，可能會有問題。因為出借鉅款給無業者的行為，可能會被視為不打算要對方償還的實質贈與行為，又或者出借鉅款給無業者恐怕會因某些理由而被判定無效。

所以他才提供了公證書與介紹工作這套組合。

整個夏天我和弟弟商量過很多次有關公證書的事。最後我還是向K先生表明不能讓父母替我作保，增加他們的困擾，如果一定要保証人，我就拒絕公證，最後我倆就這點達成了協議。

公證書

公證書分為4本，除了金額以外其他的部份皆同，內容如下。

平成9年第〇〇號

債務清償契約公證書

本公證人依當事人委託，就下列各款法律行為之陳述，作成本公證書。

第壹條（債務之承認）

債務人金森重樹（以下稱乙方）今時今日對債權人M股份有限公司（以下稱甲方）承認負擔於平成7年11月28日以金錢借貸契約為依據、向甲方借入之六百萬日圓債務（以下稱本債務），並遵從以下條款約定償還，甲方已認可。

第貳條（利息）

本債務之利息為年息百分之拾貳（月息百分之壹）。

第叁條（償還方式）

1. 乙方將於平成拾貳年拾月叁拾壹日前，將款項一併匯入甲方名義之左列銀行帳戶，清償本債務。

2. 利息之支付，自金錢借貸契約簽定之月份起，每月月底前依前項方式支付當月份之利息（六萬日圓）。

第肆條（期限權利之喪失）

乙方符合下列任一條件時，不需經由甲方告知即喪失期限之權利，必須一併全額支付應支付之剩餘債務。

(1) 延遲支付利息一次

(2) 因他項債務接受債權保全處分或強制執行時

(3) 因他項債務申請拍賣、破產或債務協商時

(4) 在未通知甲方之情況下轉移住所，住所不明時

第伍條（延遲賠償金）

乙方於期限後或因前列條件喪失期限權利時，乙方須加付剩餘應付債務總額之年息百分之貳拾四（月息百分之貳）之延遲賠償金。

第陸條（強制執行承諾）

乙方未履行本證書記載之金錢債務時，約定逕受強制執行。

本旨外要件

本店　東京都千代田區飯田橋○○

債權人（甲方）　M股份有限公司

地址　東京都千代田區九段北○○

代表　董事長　K

昭和○年○月生

依據提交之印鑑證明書，證明同屬一人無誤

地址　東京都文京區後樂○○

職業　公司職員

債務人（乙方）　金森重樹

昭和肆拾伍年貳月生

依據提交之印鑑證明書，證明同屬一人無誤

本證書於平成九年八月拾叁日經本公證人依法作成，本證書經列席者詳閱，承認契約內容與其真意相符，並已闡明契約約定之法律意義與效果後，於左方簽名蓋章。

債權人　K

債務人　金森重樹

東京千代田區麴町五丁目四番壹壹號

東京法務局所屬

公證人　中重正人

同樣的內容，我一共進行了四份公證，金額各為6000萬、30萬、2300萬、970萬，合計總債務金額3900萬，年息12%（實際上因為一開始就沒付利息，所以年息是24%）。

像這樣的條件，我第一個月就付不出來。我在不動產公司的薪水不含獎金一個月是30萬日圓。

相形之下，3900萬日圓的24%延遲賠償金，一個月的金額為78萬日圓，等於一年要支付936萬日圓的賠償金。

為了避免支付延遲賠償金，我就算只付得出利息也應該按月匯款，可是，每個月單付利息就要39萬日圓，就算我的薪水全匯出去也不夠。

這種條件我一開始就不可能做到。

於是，因為這些具有法律強制效力的公證書，我陷入了坐困愁城、突圍無望的絕境，情況變得更為嚴重了。

不論處境如何都可以學習

年紀一把的新進員工

嗶嗶嗶……嗶嗶嗶……嗶嗶嗶……嗶嗶嗶……

清早。散發著霉味的枕頭旁響起了鬧鐘聲。

我成了在鬧鐘聲中起床、每天通勤的上班族。

當初抱著來東京找機會、碰運氣的心態，如今卻欠了一屁股債，成了被時間束縛行動的上班族，搭著搖搖晃晃的地下鐵到公司上班。早晨因為賴床睡到最後一刻，所以下了中目黑車站後，我都匆匆吃碗立食拉麵或是吉野家的早餐定食，再連奔帶跑地衝進公司。

我的起步比一般人晚了許多，都27歲了才正式踏入社會，成為新進員工，在位於目黑一棟住辦大樓的不動產公司工作。

第一次穿西裝打領帶，而且西裝胸口還繡著公司標章，每天拿著定期車票搭電車上班，我感覺自己好像是個入監坐牢的囚犯一樣。

也許一般人會想：這是哪裡像囚犯了？然而對一個打工將近10年時間，根本不曾融入社會的人來說，要適應這樣的生活真的需要很大的努力，也承受著無比的壓力。

要抹殺掉原本的我，遵照社會的規範生活，這是身為社會人最基本的要求，但連這點事對我而言都是一種折磨。

事實上，現在的我不穿西裝也不打領帶，也沒有定期車票。因為沒有儲值卡，所以也不知道怎麼使用。

我不規定自己什麼時間該做什麼，也不擔心明天的事，一旦靈感湧現，我甚至可以工作到深更半夜。

週末也不想休息。

我已經找回了原本的自我。

對當時的我來說，到公司上班、遵從上司指示實在是件十分痛苦的事。

27歲不知怎麼接電話、不知怎麼應對的新進員工，看在公司同事的眼裡想必被視為異類。

記得以前小學的時候，校園裡跑進了一隻迷了路的小狗。

牠不知道自己到了什麼地方，在一堆孩子的包圍下一臉困惑，一下子這邊走走，一下子那邊走走，一個不安又徬徨的闖入者。

我就像那隻迷了路的小狗。

可是，再怎麼不願意我也要撐下去，如果不上班，我借的那些錢就永無還清之日了。

在公司上班對我而言是這麼痛苦的經驗，我自覺一定要從中學習到什麼。

雖然是這樣的上班生活，但做了以後還是有不少心得的。就讓我來說說當時的體悟，跟現在的我有什麼密不可分的關係吧。

我在公司學習到的事

我隸屬的部門是那時中目黑不動產公司為了股票上市需要，才剛設立不久的公開發行籌備處。

在那個單位裡，我和E子小姐一起在T部長的領導下從事股票上市的相關業務。

我進了公司才知道公司內部沒人有過承辦股票上市的經驗。

換言之，我唯有自助，不然沒有人幫得了我。

很快地，我了解到公司裡誰也無法給我明確又適當的指示。

不過我也知道外面有一大堆的專家。監察法人、證券公司、證券印刷公司，這些專家都擁有股票上市的經驗以及專業知識。

而且我還知道一件事，公司社長可以藉由股票上市發一筆橫財。不只是公司社長，監察法人和券商等也可以賺取一筆很大的數目。從這當中我感覺到這世界的資本主義本質，同時也嗅到了機會。

有別於不動產開發銷售的業務，股票上市業務以不同的形式吸引大量資金流入，董事會上至社長，下至董事們都對它像著了迷似地熱衷不已。

當時我對股票上市公司的印象是公司規模很大，有自己的豪華辦公大樓，而且還會在電視上強力放送廣告的那種，像這樣在住辦大樓裡租幾層樓的不動產開發業者也會有股票上市的一天，實在難以想像。

還有一件事是我了解到的，那就是不動產業在當時是股票上市最容易的行業之一。

當時的店頭市場和現在有些不一樣，公司營業規模是一項不成文的規定。

然而就不動產開發業者而言，要創造數十億日圓的營業額可說是簡單之至，因為單單賣掉一戶就是數千萬日圓的營收。

比如說我們以營收30億日圓規模為必要條件好了。

一般大廈產品的平均售價是3000萬日圓，所以只要賣掉100戶這條件就達成了。

差一點的，大概也就是一個工地建案的營收規模。

但如果換做其他行業的話，想達到30億日圓的營收，就一定需要相當時間的累積與發展，如果是製造業的話，更是需要龐大的人力才能達成。

至於不動產開發業者，要做到30億日圓的營收只需幾十位員工就綽綽有餘了。

以世人的眼光來看，營收30億日圓的公司就有營收30億日圓的理由在，不論行業為何、內容為何，都可以得到一定的評價。

「在這個世界，有些行業輕輕鬆鬆就能賺大錢，有些行業則需要相當的時間和人力來運作。」這就是我剛進公司學習到的事。

無知是種損失

有價證券報告書

當知道大廈開發僅靠幾個人就可以做出數十億的營業額，在短期內讓股票上市，得到莫大的創業利益後，我突然對這個股票上市業務與不動產開發事業產生了興趣。因為我認為它們可以為我的還債之路帶來某些啟發。

我當時的主要工作是製作申請股票上市的「有價證券報告書」。

這個有價證券報告書上要求記載的內容相當廣泛，包括公司的設立、勞動的狀況、事務的組織與運作、營業的項目與內容、業績、經營狀況、關係企業的狀況，以及獲利目標等等。

簡而言之，所有與公司經營有關的資訊都必須詳細具體地予以說明。

如果是一般企業，公司內部至少也要有3至5個證券公司出身的專業人員，才能做得出這份報告（當時準備在市場公開發行股票的公司最起碼都有這樣的人力配置）。

不過，那時的我才剛出社會，沒有任何上班的經驗，所以對於上面指派的任務都視為理所當然，全盤接受，而且對於工作量的多寡也沒什麼概念，只知埋頭奔命地做。

起初我從和社會現況關連較少的部份開始著手。那時的我沒有什麼社會經驗。如果不去接觸客戶，我完全無法理解不動產買賣是怎麼一回事，所以我從憑藉理論就能輕鬆完成的管理層面，也就是人事、勞動、總務等文件的製作開始進行，這對我而言也比較容易。

雖說比較容易，但要將各種業務學到上手一般而言也需要幾年的時間，所以說不辛苦是騙人的。

在製作管理相關文件的過程中，我硬逼著自己取得了種種的資格認證。

比如說在準備勞動方面的文件時，必須了解以勞動安全衛生法為基礎的衛生管理制度，為了準備這些文件我取得了衛生管理員的資格，而為了準備公司總務方面的文件，我取得了代書的資格。

另外，在製作業務方面的文件時，我也在公司取得不動產交易員的資格，而為了讀懂各部門資料中的專業用語，我還取得了測量師的資格認證。

或許周遭人會認為我是個專門考照的宅男，然而，如果自己不努力擁有足以通過考試的知識，我根本找不到一個可以當我後盾的人。我只能自己靠自己，而全心全意克服問題的結果就是取得資格證照。

成為經營者的今天，我並沒有特別強調我的證照，我也沒有在名片印上自己考取的種種頭銜。不過，我覺得當時為了考照所費的那番功夫都是值得的。因為透過參考資料製作文件的過程，以及以考試形式測試自己的過程，我對該項知識的了解程度都獲得了提升，也了解到自己的不足之處。

此外，為了舉辦股東大會，我會從頭到尾仔細閱讀每月發行三次的旬刊「商事法務」，研讀最新的商事法務，並參加專門印製有價證券報告書的寶印刷株式會社（這家印刷公司不是單純的印刷廠，他們是幫忙檢核文件內容，同時也負責股票印刷的特殊印刷公司）所舉辦的公開研討會。

白天在公司製作文件，晚上一回家就立刻睡覺，下班至就寢的這段時間我就到涉谷車站前的麥當勞K書直到打烊，準備必要的資格考試。有好幾次我在麥當勞的桌子上累到睡著而不自知，還因為一直吹冷氣而得了感冒。

從旁人的眼光來看，可能會覺得我是個怪咖吧？我不參加公司聚會與人交際，下班後也不加班，時間一到就快快離開、跑去K書，他們大概也無法理解我腦袋裡在想些什麼。

其實我只不過是被一年600萬利息，和一年936萬延遲賠償金追著跑的人罷了。因為承受的負擔不同，所以行動也就不同，這是當然的事。我一個新進員工的年薪不過360萬，如果就這樣一直待在公司，別說償還本金了，連利息都會不斷地增加。

這樣的努力有了成果，我完成的報告書讓公司的監察法人和證券商訝異不已，我的進步突飛猛進。而且在這過程中我取得了多項的證照，備齊了相關的知識。不過這些知識到今天都快被我忘光光了。

會計知識的必要

管理方面的文件只要用功看書就可以做得出來，不過當時我卻有個項目怎麼也搞不清楚，那就是會計數字與實績比對的預算差異分析。

我之所以弄不懂，純粹只是因為我缺乏會計方面的知識。

在製作管理方面的文件時，只要以法規為依據邊查邊對，作成文件就夠了。剩下的就是檢查該文件是否符合規定、是否合用。

相形之下，不論是預算差異分析或是編製預算的經營企劃，都是追蹤企業實際數字趨向的工具。因為它不是對照法規，而是以預算這個自訂的數字為依據來比對兩者間的差異，所以和法規方面的事務全然不同。

如果不清楚會計的組成架構，就不會了解企業的經營。

討厭數字的人大概永遠都不可能成為獨當一面的經營者吧？

總務、人事或勞動這幾個部門是屬於成本中心，對企業的數字並不敏感。他們大多不問公司的營運好壞，事不關己地工作著，這是一般的傾向。

然而，有些時候會計會直接牽動著公司的營運，公司的運作方向也必須隨著會計數據進行大幅修正。

很多失敗的例子都是經營者不懂會計，在公司營運良好的時候大膽冒進（通常不動產業大多像這樣單憑膽量擴充公司規模，很多時候連經營者自己都不知道怕），經營不善時用錯對策，好比罹患肺癌卻先吃感冒藥、安眠藥助睡一樣，讓事態更加惡化，才會瞬間一敗塗地。

如果經營者擁有足夠的會計知識，就會經常意識到或許自己的企業該換個方向經營了。

這種情況即使是營收高達數百億日圓的公司也無法避免。

因為不動產業界的經營者很多都是業務出身，靠自己白手起家，他們大多不重視會計部門，不聽會計部門的建議。

這其中的原因並不難理解。經營者身在前線，有切身的感受，而會計部門主管身處後勤區域，兩者的體認本來就有差距，再者會計部門主管的提案大多短視，只著重眼前。經營者因為掌控全局、俯視全貌，他當然會覺得只看眼下的解決方案不是好的提案。這樣的經驗連續幾次之後，自然就會認為「若是會計部門的意見就算了」。

如果會計部門的主管能努力了解現況再給建議就好了，但事實經常不是如此。

在中小企業中，也有許多由財會師（稅務代理人）來擔當會計部門主管的例子，我就曾看過因財會師決策錯誤而破產倒閉的公司。

因為聽從財會師的意見

在此我從財會師讓企業衰敗的眾多案例中舉兩個事例。

其中一個就是財會師為了改善公司營運，從財報的試算表中找尋可以削減經費的項目，向經營者提議：「廣告宣傳費用太高了，要削減這方面的經費。」

不同的解讀。

廣告宣傳費會隨著企業的經營狀況、穩定狀況、行業別以及業務形態的不同而有

如果是因為廣告宣傳才擴大了事業版圖、增加業績，那麼一旦削減了廣告經費就會導致業績下滑、業務停滯不前。

就好比飛機剛起飛不久、高度正在攀升的途中，這時如果突然減緩了引擎的力道，飛機很可能會立刻墜落。在努力衝高業績的時期，因為花費過高而削減廣告預算的行為也是如此。事業剛起步的階段，正是不論赤字多少都要砸大錢做廣告的階段。

這種時候不該是談論CPO（Cost per order 顧客獲得成本）有多少的時候。

也有一些行業，像健康食品通信販售業或婚姻仲介業等等，其創業的先決條件就是要投入龐大的廣告宣傳費。

此外，像我目前經營的網路不動產公司也是，此一行業就是將原本需要數十位業務的人員配置，利用網路販售的經營形態把人事成本壓到最低，但投入的廣告宣傳費卻是以億為單位的行業。即使是同一個行業，因為經營模式的不同，所需要的廣告宣傳費也會有所不同。

如果單看表面就削減廣告預算，最後不但會對業績造成不良影響，還會出現其他負面的衝擊。

以前我也曾幫一家宅配壽司店成立公司，當時財會師也指出：「廣告宣傳費占的

比例過高。」打算刪減不必要的廣告，於是，儘管創業初期客源還未穩定、還未有十足的把握能夠留住老顧客，他們還是刪除了發送傳單的費用，導致營業額大幅下滑，老闆只好跑路走人。

像這種情況，人事費用等都比廣告費用要高出許多，要刪也不是刪廣告費用。

我認為應該在廣告宣傳上投入更多經費，拉升營業額，讓廣告宣傳費用和人事費用對營業額的比例相對下降，這才是正確的做法，反向操作的結果就是公司倒閉、老闆跑路。

有一點一定要搞清楚：「財會師並不會比經營者更懂得經營」，我們必須把財會師當成是外包商來對待。

如果財會師比經營者更懂經營，財會師就不會只是個財會師，而會是個經營者，他會把財會師當做是事業來經營，獲得成功，並設立一家大規模的會計師事務所。

但倘若事實不是如此，那麼這種財會師的意見就不用太認真看待。

財會師讓企業衰敗的常見提案之二就是在經營不善時提議：「刪減人事費用。」

打人事費用的主意。

當計劃縮編人事時，想留的員工反倒會出走，留下的淨是些對公司無用的員工。

況且裁員不只會使人才外流，還會讓公司的情報外洩，被對手知道，這也讓公司的營運更加惡化。

由於員工是為公司創造獲利的要素，所以我們一定要知道隨便縮減人事就等於將攸關企業存亡的一把火拿在手上把玩，是相當危險的行為。

我看過一個例子，一家積極拓店的企業因為經營困難而裁減人事，之後店家的營運因為人才的大量流失而一蹶不振，過不了多久公司就面臨倒閉的命運。

當經營陷入困境時，拉高營業額才是突圍的良策。

然而財會師因為不懂提升營業額的方法，所以想到的都是削減經費這招。左一個提案，右一個提案，他們怎麼想都只有刪減多餘經費一途。

其實營運不善的經營者不用提醒也早就想到要刪減多餘的花費了，所以財會師們的提案大多沒什麼用處。

最了解如何提升營業額的人，就是經營者本人。如果不清楚這個方法的話，最好趕快讓懂的人接手經營。

在施行經費裁減，釀成致命傷之前，一定要認真研究市場行銷才行。

好像有些離題了，我在製作有價證券報告書的過程中，開始深切體悟到會計知識對企業經營的必要，所以決定每天像往常一樣到涉谷車站的麥當勞窩著，埋首苦讀會計的相關知識。

說到會計，只是一味死讀不免枯燥無味，但如果以實際的企業案例來思考、佐證，就會覺得書上寫的果然不假。讀會計就變得有趣。

我就這樣從三級讀到二級，然後一級，一路過關斬將，每天下班就到麥當勞點杯便宜的咖啡，努力地吸收會計的知識，一直待到打烊。

當腦袋裡裝進了一級會計的知識時，我已經可以清楚了解所謂的預算差異分析以及預算經營企劃這些數目字代表的是什麼意思了。

之前我好像隔著毛玻璃般看不清企業的全貌，但如今對這些會計數字我已經可以徹底掌握。

培養看穿金錢實貌的洞察力

看不見的定律

於是我每天埋首製作有價證券報告書，下了班就到麥當勞K書，日復一日。

在那段日子裡，有天我在製作有價證券報告書的過程中發現了一項存在於不動產開發業界的奇怪事實。

我剛開始還懷疑是不是哪裡不對，但事實上它並沒有錯。

在有價證券報告書中有一個記載市占率的業界排名記錄。

在我們這個業界雖說是以統計銷售戶數來進行排名，但排名上的數字卻不見得是該公司售出的實際戶數，這真是有趣。

銷售大廈時，要能喊出當天售完才能製造話題，所以很多建案表面上都會營造出當天銷售一空的假象。

然而事實上物件並未全數售出，而是用「下訂的客人取消訂單了」或是「客人貸款審核沒過才釋出的物件」等種種的理由繼續降價出售，偽裝成原本已經全部售完的樣子。

如果直接降價求售，先前以高價買入的顧客一定會前來客訴：「我們的房子因為你降價出售而貶值，你要補償我們的損失！」再者，當大樓戶數多，分第一期、第二期、第三期階段銷售的情況下，一旦沒有當天賣完，下一期的銷售業績勢必會受到影響。

所以也有業者用現金廉價買下這種賣剩的庫存來賣，繼續暗中銷售本該賣完的物件。

如果這樣還賣不掉的話就過在員工名下，或是有業務往來的代書名下，或是轉包出去，再不行就轉回租賃部門出租，讓它從帳面上消失，做法千百種，不過因為這其中的門道林林總總，所以在製作真正的排行榜時，一定要考慮到這一點，將賣剩的戶數估算在內才行。

話說回來，如果賣剩的餘屋太多，下次將很難得到銀行的專案融資，所以不動產開發業者也拚了命地隱瞞尚未售完的事實。他們四處動手腳，讓未售完的物件從檯面上消失。這些事實從業務員的謊言中也可以看出端倪。

依推測的銷售戶數作成銷售排名後，我注意到了一個不容忽視的事實。

那就是「除了隸屬大財團或與鐵路開發公司旗下的相關企業外，大多數的不動產開發業者在短短10年之內就會從前10大企業榜上除名，在20年內就會全部倒閉」。

結構上的缺陷

比對各類不動產業界的刊物，像是MDB（Marketing Data Bank）的資料、矢野經濟研究所的資料，以及任何可能到手的報告，其結果再再清楚地顯示上述的定律是正確無誤的。

從過去數十年來的數據資料來看，即使是年營業額超過1000億日圓的不動產開發公司也擺脫不了這樣的命運。

如今我發現在上波外資炒作的泡沫經濟中，自己之所以不碰不動產證券化事業或開發事業，得以從不動產中全身而退，全是因為這個定律。

我以平成9年當時調查出的事實為根據，判定在經營不動產公司的初期從事不動產開發風險太大，仰賴外資的不動產證券化榮景可能隨時破滅，所以一直沒有出手。

順便一提，我待過的中目黑不動產公司利用在股票上市籌措到的資金，以破竹之勢大肆介入不動產證券化等業務，結果因為外資撤退、資金泡沫破滅造成財務週轉困難，目前還在接受金融公司的援助。

還有，我後來跳槽的不動產公司也是在上市後運用從市場籌募到的資金拓展業務，不過如今公司已經千瘡百孔。

這兩個例子都與這項定律相吻合。

其實這兩家企業都是泡沫經濟後的新興不動產開發業者，而那時我調查的是泡沫經濟瓦解前的排名。

換言之，企業之所以衰敗不是因為泡沫經濟瓦解這個單一因素，不動產業者的衰敗有其一定的週期性。

我十分好奇這個無法一眼看穿的定律到底是怎麼造成的。

我開始懷疑，難道不動產開發業這個行業本身在結構上就有問題？

不動產一定得先買再賣

「除了隸屬大財團或與鐵路開發相關的企業外，大多數的不動產開發業者在短短十年之內就會從前10大企業榜上除名，在20年內就會全部倒閉」。

面對這個可怕卻嚴肅的事實，我一開始並不知該如何找出原因，只能試著來回觀察身邊的真實案例。

那時的我真是個大笨蛋。在今日的我看來，當時的自己真是無知。我沒有一點看穿事物的洞察力。

為什麼Q&P KOWA（在日本販售的一種營養補充錠，可舒緩肌肉疲勞、肩膀酸痛、眼睛疲勞）的廣告後接著播放電視節目？為什麼每個店家啤酒杯底的曲線各有不同？為什麼很多電視節目裡出現的名人公司都有突發狀況？如今的我都能了解這些事實背後的原因。雖然我不能在此明說。

那時我的洞察力連這種小事都看不出來。

由於我現在也在電視上託播廣告，也是餐廳的老闆，也在電視裡接受訪問，所以知道箇中的門道，然而那時的我連作夢也想不到這世上竟然有這些事。

無知的人就算一輩子不懂這些，也可以平安地度過一生。

不過，擁有種種經商經驗、可以洞悉事物的人所看到的世界，與一般末端消費者所看到的世界大不相同。

在來回觀察身邊真實案例的過程中，我一點一點地懂了。那時我每天窩在麥當勞研讀會計知識直到打烊，或許是這些會計知識起了作用吧？這個定律的成因我概略敘述如下：

雖然是廢話，但其最大的原因就是「不動產一定得先買再賣。」

股票或商品期貨這類的商品可以先賣空再買回來，但不動產如果不先買進的話是無法出售的。

內含的風險

怎麼說呢？我們以興建大樓為例。從買進土地到建物完成、賣給顧客，長一點的話大概需要2年的時間。在地價上漲的期間，因為建物蓋在2年前以低價購入的土地上，所以如果房子是以目前的地價出售，不動產的開發利益就可以加上土地增值的利益。

而且，在建案剛開始時，只要先預付土地價金的10%為頭款，之後在用向銀行借來的錢慢慢蓋就可以了。

因此當地價上揚時，大樓建商只要靠著自己少許的資金就可以進行數十億日圓的交易，公司的規模也會因此快速成長。

另一方面，明明公司在成長，但為了支付建物的期款，建物完成時要支付營造公司尾款，還有建物過戶給顧客後要還錢給銀行，公司總是缺錢，被錢追著跑，也是這一行的特色。

不論如何快速成長，營收多麼亮眼，還是得為錢奔波、四處調頭寸，這就是不動產開發業者的宿命。

不過，一旦業績做到了數十億日圓，相信公司老闆的金錢觀也會跟著放大吧？自己雖然沒什麼錢（有錢是有錢，但那是銀行的錢）卻在銀座喝酒揮霍、買名車，贊助演歌歌手或運動選手等藝人，情婦好幾個，變得重門面、愛虛榮。然後資金調度一次比一次吃緊。（請看一看週刊訪問破產的不動產公司老闆的相關報導，這些事都是屢見不鮮的。）

因為不具備會計方面的知識，漸漸分不清自己的錢還是銀行的錢，所以也不知道害怕。

如果只是這樣也就算了，怕就怕遇到地價下跌的時候，像這種時候，出售建物時的土地價格會比2年前購入時的價格還要便宜。若要將這些損失轉嫁到售價上，物件的價格會高於市場價格，根本沒有人會買。

因此，業者只能依土地的現價銷售，在這種情況下，物件的獲利無法彌補地價下跌的損失，而且要降價也不容易，於是銷售呈現停滯狀況，連帶銀行的錢也還不出來，一下子爆出了資金缺口。

像石油或外幣、穀物等商品，如果擔心將來價格下跌，事先賣掉就沒事了。假若這個世界也有不動產期貨市場，為了預防2年後土地價格滑落，只要先以同樣的價格將土地賣出，讓售出的獲利與地價下跌後的損失相抵，就可以防範土地開發所伴隨的風險了。

然而，現實世界中並沒有不動產期貨市場這種東西，而且不動產的獨特性很強，根本無法將之商品化。

所以，一旦遇到不動產景氣不佳，連續10年或20年呈現下跌趨勢的話，業者必然會受到波及。縱使土地價格飆漲，被喻為土地神話，但它也不是一路漲個不停，有時也會遇到比去年相對便宜的情況。

此外，大樓產品有一定的周期性，每隔一段期間就會遇到視存量調節庫存的壓力，像這種時候對業者也是一大衝擊。

所以說，不動產開發業者根本沒有任何安全措施來應付地價下跌的局面，他們只能一廂情願地開發土地，這種事業的架構本身就存在著風險。

第5章

在谷底找到成功的法則

我找到了成為億萬富翁的「重要」啟發

提升自己，讓自己能夠洞悉致富的結構，讓自己用更高的角度思考事物，這才是必須要做的事。

成為富翁的線索就在這裡！

為什麼收益能夠創新高呢？

總而言之，不動產開發業者不論收益如何創新高，如果資金無法回收的話還是死路一條。

而且就算收益創新高，也要賣出之前便宜買進的物件才有獲利，如果物件的購入成本較高，根本就無利潤可言。有些業者因為沒錢填補認列損失後產生的資金缺口，不能在帳面上認列損失，所以只好繼續拖著讓庫存增加，單挑賣得掉的部份銷售，也因此從表面上看獲利仍屢創新高，但實際上庫存卻是與日俱增，高得嚇人。

如果不處分賣不掉的庫存，就無法從銀行那兒得到新建案的融資。但若將這些庫存認列損失予以處分，手上的資金就會全部不見，帳面將出現巨額赤字，搞不好還會馬上破產倒閉，於是，在進退兩難的窘境下，業者坐視人事管理費用不斷產生，靜靜等死。

所以說不動產開發業者收益創下歷史新高的話根本就信不得。假設用一般公司來比喻，其糟糕的程度就好比公司積極銷售便宜買進的商品，而那些高價購入的庫存品金額卻幾乎可以媲美公司一整年的營業額。

公司都這麼糟糕了還可以經營得下去，原因就在於日本行的是土地本位制，只要有土地做擔保，就算庫存量異常也還是貸得到錢。就一般的企業來說，因為商品幾乎沒有擔保價值，所以如果庫存水位達12個月銀行就不會再給予融資。

在這樣的環境下，因為隸屬大財團下的不動產開發業者有集團旗下銀行或其他融資管道撐腰，所以當最後新興的不動產業者撐不下去、危機惡化時，他們就可以大肆砍價，將全部的不動產搜括一空。

如果我是財團旗下的不動產開發業者，我會等到那些小公司全都潰不成軍時和政府聯手、緊縮銀根，把他們逼進絕路，最後再以豐沛的資金搜括他們迫不得已賤價拋售的土地。因為周轉不靈的不動產開發業者已經沒有餘力從事建案開發，想必一定會胡亂拋售手中的土地。或者也可以在小公司倒閉破產後，慢慢地從破產管理人手中接收他們的物件。

像這種時候，一般剛創立的不動產開發業者即使對這些物件有興趣也沒有多餘的資金可以調度，況且自己都自身難保了，哪兒還有餘力去取得新的物件，所以就只能在一旁乾瞪眼了。

雖然這不過是我個人的見解啦，但我覺得這根本就是混混暴發戶與社會菁英的對戰。

小時候，會打架的傢伙或是跑得快的傢伙都被視為班上的英雄。反之，功課好的就被叫做書呆子，大家似乎都不大看得起。然而，在資本主義的社會下，那些被叫做書呆子的人最後都進入了權力的核心，支配著一國的政治與經濟。

被叫做書呆子的人最後趾高氣昂地支使著那些之前很會打架、很會賽跑的人。以前加諸在別人身上的欺侮如今被加倍地討回來。這就是昔日班級英雄一貫的結局。

難怪他們會對菁英份子懷抱著強烈的仇恨心理。

如果是其他的業界，這樣也就算了。

然而，不動產業界是少數幾個可以靠手腕和膽識發財的行業。

在不動產業界，就算曾經當過小混混還是不良少年的人也可以成為外表光鮮亮麗的董事長，身穿高級西裝，出門有高級轎車代步，在銀座奢華遊樂，贊助演藝人員，成天被圍著「社長！社長！」地叫，周遭美女環繞，以經營者之姿在商界堂而皇之地做生意。

另一方面，在大財團旗下不動產公司工作的人大多出自優秀大學，有的還有海外留學的經驗，擁有企管碩士學歷和不動產估價師的資格，這種人在公司裡比比皆是。此外，他們的親戚有很多都是在商場上打滾的人，而朋友也大多任職於金融財團，悠遊於政府金融部門間。這種財團組織的公司文化與新興企業的公司文化是截然不同的。

對他們而言，要與虛張聲勢的新興企業相互競爭實在是件令人討厭的事。說起來，一些異文化間的衝突、以及對於不動產暴發戶的排擠行為，都是出自於他們想要壓制反社會勢力的心態。這是我個人的見解。

財團組織有能力左右國家金融政策或是銀行的融資規範，而且他們熟知金融產業的虛與實。

所以，每10年的景氣循環過程中，財團養胖新興的不動產業者再予以獵殺的戲碼老是一再上演。

看著混混暴發戶與社會菁英的對戰，從開始到最後，歷史總是不斷地重演……每一次興衰都不過是一次汰弱留強的過程……。

這是我在平成9年當時的體悟，過了12年後的平成21年，我的想法還是沒有改變。

鐵路開發公司旗下的不動產開發業者不會倒閉的營運結構

如果同時也了解鐵路開發公司旗下的不動產開發業者之所以不會倒閉的營運結構，一切就淺顯易懂了。

簡而言之，他們因為能靠自己的力量拉抬自己的地價，所以耐得過地價的波動起伏，不會像新興的不動產開發業者一樣破產倒閉。

地價這玩意兒會伴隨著都市開發的腳步攀升，大至新幹線、高速公路的通車、奧林匹克運動會的舉辦，小至地下鐵的新站設立、購物商場的開幕，原本一文不值的荒地都會因此變得價值不斐。

假若交通幹線有延長的規劃，鐵路開發公司旗下的不動產開發業者一定會預先買下未來有路線經過的周邊土地。當然，如果以自己的名義買地拉抬土地價格，附近的不動產業者一下子就會看出端倪，土地價格會一口氣漲翻天，造成惜售的現象，這樣一來土地的取得成本就變高了，所以他們通常都是利用人頭公司來買地。

當土地收購得差不多了，就是將路線延長或設立新站的訊息慢慢釋出的時候了。這時，大家聽到幾年後車站會蓋好的訊息，就一窩蜂地買進，土地價格也就跟著水漲船高。

單靠這點，土地的潛在獲利就已經相當可觀了，再加上新站站前的最佳地段都被這家鐵路開發公司旗下的不動產開發業者買去了，他們想怎麼開發就怎麼開發。看是要蓋商辦、蓋大樓或是醫療機構都可以。

說到潛在獲利，如果用土地做擔保向銀行融資的話，就連轉賣的額外稅金都省了。

此外，因為是以非常便宜的價格取得土地，所以就算以低於市場的價格讓渡出去依舊有利可圖。因此，如果手上握有大量類似的土地，業者就可以用來收買職業股東或政治家，甚至是主導對自己有利的開發案。若能借助國家、道路、地方政府等各方的力量，或許還可以利用納稅人的錢來進行土地開發。

再者，當延長的路線連接到滑雪場或高爾夫球場時，同樣地，買入的荒地也會產生相當的附加價值，業者可以透過販賣渡假村會員證或高爾夫球場會員證來圖利，這就如同在印鈔票一樣。因為滑雪場或高爾夫球場所在的山坡地，幾乎都是沒什麼價值的田地。

像這樣，不動產開發業者如果可以搶先買下與都市開發結合的土地，就可以自導自演，將土地價格炒高，其經營結構自然不同於隨地價波動、容易周轉不靈的新興不動產開發業者。

就算土地價格再怎麼暴跌，也可以靠自己的力量將荒地變成黃金地段，拉抬地價，所以鐵路開發公司旗下的不動產開發業者絕對不會倒。

此外，鐵路開發公司旗下的不動產開發業者也結合交通幹線一併進行飯店的開發。透過這個方式，他們可以在合適的地段投資飯店，或藉此優勢經營旅行社的相關事業。

而且，飯店如果聰明的話，會將建物本體與設備分割開來，因為設備能夠避稅的名目，遠比一般的大樓或華廈要多得多。結合飯店的開發尚可以產生租稅上的利益，這一點也是不容忽視的。

因為有這種種的理由，所以鐵路開發公司旗下的不動產開發業者絕對不會倒閉。

成為億萬富翁的啟發

我在前面也曾提到過K先生在西原擁有一棟住辦大樓，又在駒込持有一棟高級住宅大樓的事。

當時K先生說：「運氣好的話，在山手線北側偶爾也會碰到難得的好物件。」

在調查過鐵路開發公司旗下的不動產開發業者不會倒閉的原因之後，我終於了解了事實的真相。

日本地下鐵南北線的沿革

平成3年　駒込至赤羽岩淵段通車

平成8年　四谷至駒込段通車

平成9年　溜池山王至四谷段通車

平成12年　目黑至溜池山王段通車（全線開通）

東急目黑線與相互直通轉運系統開始運行

平成13年　埼玉高速鐵路線與相互直通轉運系統開始運行

這根本就不是碰巧遇上的，K先生是在100%肯定會漲的情況下才買下這兩筆物件。

初聽到K先生講這番話時，我根本就無法理解其中的奧秘。然而，這時的我已經可以靠自己找出一點蛛絲馬跡。

才發現了一點事就這麼大驚小怪，別人或許會當我是笨蛋。況且以我現在的程度，這些事根本就一目瞭然。

可是對當時的我來說，能靠自己發現這個事實真的是件可喜可賀的事。我真的好高興。

這是我在公司學到的第二件事。

那一刻，我終於覓得了少許如何成為億萬富翁的啟發。

之前那番話的意義我雖是懂了，但就算讓我遇到一位億萬富翁，也得要他從一到十詳盡地教我致富之道才行，否則我還是成不了富翁。

不靠自己舉一反三是不行的。

而且就算真有人教，自己程度不夠還是無法了解其中的意義。又如果是一講就懂的內容，那也就沒什麼價值了，因為別人一樣可以輕鬆到手。

提升自己，讓自己能夠洞悉致富的結構，讓自己用更高的角度思考事物，這才是必須要做的事。

我是使用簿記這套工具才找到了最初的線索。

如果沒有這套工具，我大概永遠也發現不了吧。因為沒有具備金錢架構、金錢流向的會計知識，我根本無法掌握這些蛛絲馬跡。

那時的我有了切身的體認：要成為有錢人就一定要學習會計。

多少年來我在徬徨中摸索、遍尋不著的致富線索，並沒有掉落在街上的某個角落，而是夾在大家隨處可得的會計書籍裡。

客源來自何方？

旁敲側擊

懂得會計之後，我看事情也變得更加透徹了。

在製作有價證券報告書的過程中，我除了想得更深、更遠，也漸漸拼湊出架構來。

眼看著自己對所謂的公司了解越來越深，相形之下，我也看到了自己不懂的部份。

那就是公司如何找到購屋的客源，以及公司如何銷售房屋。

我隸屬的單位在當時叫做公開發行籌備處，整個單位的配置只有我和E子小姐兩人。公開發行籌備處是臨時成立的單位，歸在財務部門之下，位置就設在財務部門的角落。

不了解4樓行政部門配置的設計部和業務部，大概都以為我也是財務部門的一員。

當財務部沒有半個人的時候，內線響起總是我接的電話：「財務部您好！」，所以大家更認定我是財務部的人了。

如果試著詢問同一樓層負責管帳的那些人，他們肯定會說：「業務負責的就是販售」。

如果再接著問，那業務部如何銷售價值上千萬的大樓產品呢？他們會說靠所謂的反饋推銷：收到傳單的人會來電詢問，我們就賣產品給這些人。白天時間對方也在工作，電話不能講很久，所以業務人員會估計對方晚上回家的時間，到那時再打電話。

真的單靠這樣就可以賣出房子，創造數十億日圓的業績嗎？這實在教人難以相信，於是我去找負責業務的董事，以製作關於業務部份的有價證券報告書為由，藉機詢問他們種種問題。

大家的回答都是千篇一律：先發傳單得到顧客迴響，然後做成生意。

接著他們還告訴我：「業務是一種態度」、「電話推銷最要緊的是說話的技巧」、「沒有成交就不能回公司」等等一些教戰手冊裡的內容。

我也是有先做過功課的，像「菜鳥業務員的○○守則」這類的書我也讀過，所以大概知道他們講的這些。

從他們口中，我聽到了各式各樣的小插曲，這個銷售現場、那個銷售現場、歷經苦戰後終於結案的銷售現場、別家公司的業務故事，聽著聽著，都可以寫成一本英烈傳了。

這當中有些是可以說的，有些是不可以說的，我想你們也很清楚。

我就挑一些可以說的說吧！

聽說有一家從事旅遊業的D公司規定上班之前先用膠帶把員工的手和電話話筒固定在一起，然後才開始營業，這樣一來員工們就只能一直打電話了，另外，做業務的精神不振是大忌，為了不讓大家懶散，公司還規定大家要站著講電話。

還有，聽說當公司業績不好時，社長會用煙灰缸打負責的人員，所以公司除了一般用的美麗水晶煙灰缸之外，還會另外準備打人用的煙灰缸。

因為用手打人手會痛嘛。了解。

還有業務新人熬不下去逃跑的故事。據說有新人夜裡從宿舍出逃被發現了，為了避免他再次逃跑，會先攻擊他的腳。因為如果攻擊上半身的話人傷得不重，下次他還是會找機會跑走。

就算看守得如此嚴謹，大部份的業務新人還是會在一年內跑光光，相形之下我們公司辭職的人非常地少，這也說明了我們公司是家好公司。

這當中也有來10個卻有12個人逃走的公司。為什麼會多出兩個人呢？因為有的人離職了又回鍋，來來去去好幾次。像這些人就不叫拒絕上學了，而叫做拒絕上班。

我確實聽到了許多八卦，然而，與主管階級的談話始終繞著員工打轉，我依舊無法了解如何把素未謀面的客人召集過來。

傳單發出後只要靜靜等待，就會有一大票人主動上門來，連沒做過業務的我都覺得事情沒那麼單純。

因為我一直囉囉嗦嗦地問個沒完，最後，負責業務的董事終於擺出臭臉告訴我他現在很忙，叫我直接去訪問現場的業務人員，但前提是不可以造成他們的困擾。於是我又跑去問站在第一線的業務人員。

我之所以這麼積極的理由就在於這是一切問題的核心，縱使你再有耐心、毅力，上司再怎麼督促鞭策，不清楚客源來自何方，一切還是枉然。

新橋的名冊店

一開始業務人員也是死都不肯透露。因為一旦讓別人知道這些有用的名冊是怎麼到手的，自己的業績肯定滑落。這可是攸關個人存亡的大事。

他們只告訴我，電話簿上的電話號碼都已經被打到爛了，收集那些不在電話簿上的潛在號碼，集中火力進攻，才是有效率的做法。

單靠這個就可以招來生意？實在教人無法相信。

我唯一探得的訊息，就是他們去名冊店買名冊的事。

那時日本還沒有所謂的個資保護法，所有的名冊都可以任意取得。

他們怎麼也不肯告訴我名冊是去哪兒買的，我也是靠著自己的調查，才來到位在新橋的一家名冊店。

這家名冊店應該不是一般業務老手會光顧的地方。連我這種跑業務的門外漢都可以輕易找到，我想店裡同樣的名冊一定被各行各業的人重覆使用上百次了，而且名冊內容陳舊，隨著時間一久，聯絡不上的筆數也越來越多，就算用了，大概也得不到多少顧客的迴響吧？

不過，店內的名冊像圖書館一樣整齊排列，只要付錢就可以翻閱，自己決定要不要購買，實在是個方便的地方。

再說了，我又不是要用它們來跑業務，只是想從中得到一些啟發罷了，所以名冊內容的新舊對我來說並不是問題。

走上前去翻了一翻，我著實嚇了一跳，這其中涵蓋了種種情報。

高級羽毛被與建物改建的電話詐騙受害人名冊、老鼠會成員名冊、資格考試詐騙（號稱可以靠函授取得證照，並保證就業，以騙取受害人高額學費的詐騙集團）的受害人名冊、美容整形相關資料詢問者的名冊，店裡擁有這些種類繁多的名冊，也有一些與犯罪直接相關，看了叫人擔心的名冊。

我花了好長一段時間站著瀏覽這些名冊，直到雙腳微微發痛。在邊看邊想的過程中，我得出了一個結論：業務員應該是想盡辦法弄到這附近的社區自助會名冊，或是家中有小孩在上幼稚園或托兒所的家庭名冊（這些家庭目前可能還是租屋的無殼蝸牛），然後打電話向這些人推銷的。現在看來，這是十分正確的推論。

而且照道理說，若是有人找到了這麼棒的名冊，想必也不會和其他同事分享，絕對會保密到家。

因為牽涉到個資保護法，所以我想各家不動產開發業者現在已經不會明目張膽地進行了。

我就是從那時起開始認真思考有關名冊的問題。

就讓我稍微講一下名冊對我日後產生的影響吧！

名冊的歷史

造訪新橋名冊店的隔天，我在公司思索著有關名冊的事。

負責業務的董事說：「我們靠反饋推銷召集客源，推銷產品。」這表示此刻負責人手中握有名冊。

採用發送傳單的方式，必須要等上一段時間才會有素不相識的顧客上門來，而利用名冊的電話推銷方式是主動聯絡可能會購買的潛在顧客，這兩者的資訊流向是完全相反的……。

說到名冊這東西，有實際買賣的顧客名冊、詢問過資料的顧客名冊，它們跟從新橋名冊店買回的名冊相比，價格當然會差上好幾倍……。

坐在位於4樓的辦公桌前，桌上滿是寫到一半、關於業務的有價證券報告書，我就這麼放著不管，一頭沈浸在自己的思緒中。

我一邊用自動鉛筆挖著卡在手指甲裡的髒污，一邊思索，漸漸地，我開始有些興奮起來，感覺自己好像抓住了什麼。

於是當天下班後，我不去麥當勞K書，而是跑到中目黑的圖書館，尋找有關名冊的資料。

雖說進行調查可以從時間角度或空間角度著手，但完全沒有業務經驗的我還是決定先以時間為主軸，調查所有與名冊歷史有關的事件。

當下我立刻找到了兩個事例。

第一個是江戶時代的和服店。

在江戶時代，如果和服店發生火災的話，店家會先把帳冊丟到井裡然後再逃命。布匹綢緞也在燃燒，但他們首要搶救的還是帳冊。

當時帳冊的紙張採用的是蒟蒻製成的特殊材質，所以用墨水寫在上面的文字即使遇水也不會糊掉。當火撲滅後，店家再把帳冊打撈上來，照著冊子上記載的名單，向商品被燒掉的顧客們一一地賠不是。

這樣一來，顧客們將會再次上門。於是房子得以重建，店家也可以繼續進貨。和服被燒掉的損失微不足道，相較之下，資料燒毀造成的傷害才是不可估計的。這之間熟輕熟重，以前的店家心裡十分清楚。

另一個就是富山的藥商。

以備置藥品聞名的富山藥商手上都有一本買賣的客戶名冊（這名冊叫做備置帳）。所謂的備置指的是藥商將藥品預放在顧客家裡，用了才須付款。

當藥商退休時，這本備置帳就可以拿出來賣，而價格的計算方法如下。

首先從過去的營業額推算出一年的營業額，加上已經備置在客戶端的藥品成本（也就是庫存），減去一年以上都不曾光顧的遠方客戶（這樣就可以算出可能收到的錢），再加上二成到最多五成不等的老店字號權利金，得出的結果就是買賣帳本的交易金額，這可是上千萬日圓的交易。

而剛買下備置帳的藥商，就可以承接這本備置帳，開始做生意。

此外，立山宗教團體的布施名冊也和富山藥商的備置帳一樣，具有同樣的功用。布施名冊是用來記載購買護身符、壽衣、還魂丹（藥）的顧客清單。

在江戶時代也是如此，在生意剛起步時，店家會向別人購買名冊，開始建立自己的顧客資料檔，待退休之際就將名冊賣掉，充當自己的退休金。

果真是「生意始於名冊，終於名冊」……。儘可能維持最大量的客源，這正是經商的精髓所在……。

在思考的過程中，我漸漸了解到「賣東西靠的是態度」、「電話推銷最要緊的是談話技巧」、「業務沒將商品賣掉就不能回公司」等業務方式，與我此時此刻調查到的靠名冊做生意的業務方式，雖然兩者都叫業務，實際上卻有著天壤之別。

好不容易終於知道自己不知道什麼

從調查國外案例開始著手

以時間角度進行的名冊調查一下子就完成了，但以空間角度進行的調查，也就是國外案例的調查，我足足花了一年以上的時間才「知道自己不知道什麼」。

那段時間，因為我們公司的股票在店頭市場公開上市，公開上市籌備處的任務已經完成，所以我被編入財務部，工作的內容一樣是處理股票上市事宜。雖說這次是為了在東京證交所上市做準備，但工作內容幾乎和之前在店頭市場登錄時一模一樣，也是在製作申請上市的有價証券報告書。

要在東京證交所上市，提交有價證券報告書也是必要的條件之一。那時公司上市的業務幾乎都是我在做，但功勞卻都是T部長的，他還因此升職當上了常務董事，不過我一點也不介意。

我還有一身的債務要還，而且也沒打算要靠上班飛黃騰達。比起升官，現在的我更希望能專心研究，透過上市發行業務了解公司架構，為將來自己設立公司奠定基礎，這是我從目前工作中發現到的價值。

說到以空間的角度進行調查，在開始調查國外有關名冊的案例時，我知道有關名冊的案例在國外被歸在市場行銷這塊。

我終於達到「知道自己不知道什麼」的境地，為了了解市場行銷，我下班後的麥當勞K書課表，開始換成了中小企業診斷師資格考試的書籍。

弟弟買了附在「週刊少年JAMP」這類雜誌裡的資格考函授課程，第一冊才讀了一點點就隨手扔在抽屜的最裡面，也因為如此，很幸運地，我沒花一毛錢在教材費上。

在準備中小企業診斷師資格考期間所下的功夫，為我如今擁有的經營技巧奠定了根基。

像經營、財務、勞動等等的企業管理內容我已經自修一段時間，所以當然是略知一二，不過有關市場行銷這塊，我是特別地感興趣。

透過診斷師資格考試的準備，我查閱國外有關市場行銷的書籍，調查國內案例，一下子陷入市場行銷的世界無法自拔。

我現在翻譯、編輯的市場行銷外文書，有很多都是那時查閱過的書籍。

診斷師證照本身花一年時間就可以取得，但它最終的目的還是為了讓自己「知道自己不知道什麼」，這才是正確的心態。

關於市場行銷這個主題，在診斷師資格考中也只是粗略帶過，講的很淺。

有人經常揶揄中小企業診斷師就像黏在腳底的米粒：「不拿下來很在意，拿下來了又不能吃。」這是當然的事。考取診斷師證照是為了讓自己「知道自己不知道什麼」，光靠這個就想混飯吃，未免也太天真了。

即使是一塊招牌

比方說在診斷師的資格考試裡，有關招牌的題目才偶爾出現一下而已，可是單單關於招牌的書我就看了好幾本，而且還設計了許許多多店家和旅館的招牌。

就算是一塊立型招牌，我也必須考量很多：招牌設立的所在街道有無車站？購物中心的交通動能、附近的紅綠燈位置。

當步行時招牌的識別度如何；若是開車，招牌在速度下的識別度又如何；如果道路是彎曲的，路上行駛的車輛怎樣才可以看到招牌（招牌設在道路的外彎側會比較容易看得到），還有地面有無高低落差等等。

白天和夜晚街燈亮起時的視覺效果也不一樣，招牌的色調、文字的大小、內容、材質、安裝的高度、光源的方向等等。

還要確認招牌與路樹、陸橋等障礙物的關係，一定要比其他的招牌顯眼，色調不能與背景相近等等。

如果是數條道路交匯之處，那麼道路白天與夜間、平日與假日的車流量也會不同。通行的車輛主要是以載客居多？還是以載貨居多？

事實上我在設置自家飯店的廣告招牌時，就曾在各個不同的時間到設置招牌的道路上探勘，用數位相機拍照後，以照片合成的方式確認位置和色調，並將其他種種要素列入考慮。

此外，招牌的種類不是只有立型招牌一種，其他還有圍幕看板、懸掛式布條、直立招牌燈箱等等，一家飯店實際設置的招牌數量不下十個。

如今招牌廠商的意見對我而言都是僅供參考，基本上我已經可以靠自己決定一切。因為製作招牌的廠商只負責製作，而我的工作是要透過招牌招攬更多的顧客，廣告招牌有無效果是我該負的責任。

當講出ＶＭ（visual merchandising 視覺行銷）或是店鋪開發等詞彙時，有人只是單純地覺得知道這些比較好，但有人卻是深入研究調查、實地操作，隨著各人深入的程度不同，這些技巧的活用層次也會有天壤之別。

其實在生意場上，只知道一些考試會考的專有名詞根本一點幫助也沒有。

所以我從一開始勤讀的行銷書籍，一路延伸到招牌研究、ＰＯＰ研究等相關主題，就這麼沒完沒了地讀下去。

而且，在學習的過程中，對開店很有興趣的我也取得了銷售士一級的證照。

成功不能單靠行銷技術

能幹業務的工作模式

關於我前面提到的，我的重心從以名冊為線索的業務，轉換成著重市場行銷的經營，如果你認為這是理所當然的結果，那麼我必須告訴你，它絕對非比尋常。

事實上，很少有人會考慮市場行銷這方面的事。

在不動產開發的世界裡，以業務為中心的經營方針一直是市場的主流，我是因為運氣好，沒被派任到業務部門，所以才能以局外人的角度客觀地看待業務部門的運作，這也是讓我對市場行銷產生興趣的原因之一。

不動產開發的業務通常是這麼運作的。

大多數的早晨以社長的訓話拉開一天序幕，然後大家一起氣運丹田、高聲大呼工作守則。

在業務單位裡通常都採行「○部○課合約○份，金額○千萬！」這種公開業績的制度，讓業績掛蛋的員工無所遁形。

業績掛蛋的員工回到各部門後要承受同儕的壓力，忍受責罵，視情況有時還會遭受體罰。

接著是大家卯起來一起進行電話行銷。

每天狂打上百通電話是一定要的，當然，如果沒有照上司的要求好好地打，一定會被罵到臭頭。

這時候就會發現能幹的人和差勁的人差別在哪兒，基本上上司不太會去盯業績好的人。

有些人雖然從中午就泡在小鋼珠店裡，或是在咖啡館裡納涼，或是去洗三溫暖，或是去酒店，但只要他的業績好，沒有人會講一句話。

能幹的業務把時間用在暗自取得寶貴名冊上頭，然後在短時間內集中火力拚命做出業績，所以他們的工作時數少得令人意外。

當天的疲勞不會累積到隔天，每天的工作效率也好得不得了。

在這種情況下，他們對市場行銷不會有興趣。

慢慢地他們越爬越高，對落後的人造成莫大的壓力，用威嚇、支配的手段把下面人的成績逼出來。

出門以高級車代步，手上戴的是名錶，過著優渥的生活，讓新進人員的我們懷抱著有天自己也會和他們一樣的憧憬。

跳槽幾次成了主管之後，這些人會開始思考：「我要不要自己當老闆，也開家公司來做？」於是帶著自己的人馬另起爐灶，自立門戶。

另一種業務員的工作模式

反之，差勁的員工成天想的就只有怎樣才不會挨罵，所以該做的他一定做足。業績沒升卻早早回去肯定會挨上司的罵，因此每天都得工作到最後一班電車要開了才能回家。

就算一直被掛電話也要一直撥。甚至是打到客戶工作的地方。

這就是為什麼過了晚上10點業務還會打電話到家裡來的理由。在業績沒有提升的情況下，礙於上司的緊迫盯人，做業務的不管多晚還是得拚了命地打。

白天辛勞奔波，造訪租屋家庭或是淋雨派送傳單，想盡辦法開闢客源，尋找出路。

週末在大街上努力拉客，一心只想把客人引到銷售中心的樣品屋裡。

因為是這樣拚死拚活招攬來的客人，所以一旦客人上門就絕不輕易讓他們離開。

但因為新人還不是那麼地能言善道，所以能說的就只有：「請你相信我」之類的話。一個勁兒地學習談話術，卻沒有多餘的心思去想想客人為什麼會上門，因此根本沒機會學習市場行銷的知識。

話說他們漸漸學會了推銷技巧，變得越來越皮條。

我在前面曾經提到自己在吉祥寺服飾店裡受困的故事。

這就和當時的情況一模一樣，銷售員運用推銷的技巧向客人疲勞轟炸，以形同軟禁的方式纏住客人好幾個小時，逼迫簽約，直到拿到合約才肯罷休。

因為是好不容易才找到的客源，所以絕不能讓他輕易溜走。

無法自行判斷情勢的新人就配合著上司的步伐不斷地逼迫顧客簽約。而對這套作業模式已經習以為常的上司絕對不會讓客人逮到機會結束談話，離開現場。

難怪有這麼多人被硬逼著蓋下印章。

不過，根據他們的邏輯，這絕對不是什麼強迫推銷，這是在「幫助猶豫不決的客人，在背後推他們一把，讓他們下定決心。」

將客人困住、予以軟禁的做法，在他們的腦袋裡也轉變成是一種「助那些沒勇氣購買的客人一臂之力」的行為。

有時也會對自己的工作存疑，但他們會說服自己「這麼做是在販賣夢想給顧客。」要是不這麼想，根本就做不下去。

因為從事這種種耗費體力的勞動，回家的時間又晚，所以幾乎夜不成眠，隔天醒來疲勞也沒能消除，還要擔心一到公司開朝會公佈業績的事，這時心裡大概希望要是能這麼坐著電車，就此消失在世界的一端該有多好吧？一個上午因為睡眠不足而頭痛欲裂，腦袋根本無法運作。真難相信那些頂尖的業務員怎麼可以那麼生龍活虎、精力充沛。

朝會結束後，業績掛蛋的員工被帶到另一間房，接受上司震耳的叱責與殘酷的辱罵。有時室內會出現細微的聲響以及壓抑不住的哀嚎，不久上司先行離開。

最後，集合業績掛蛋員工的小房間裡，就只剩下關也關不住的男性啜泣聲。

因為是棒球隊出身，對於嚴苛的體育訓練早已習以為常，所以不把電話行銷當一回事，自以為剛強的鐵漢，竟然背著人暗自抽泣，這就是業務的世界。

疲累不堪卻無法回家，週末也不能休息，無法入眠，被逼急了逃出來，還是會被公司找回去，精神上的壓力加上想家的鬱悶逐漸累積，壓得人喘不過氣來，在這麼一個嚴峻的世界裡，眼前唯有採取得過且過的方法，盡力提升業績，虛報簽下的合約數量，之後再以顧客取消訂單的藉口交待過去。

這麼做總會有事蹟敗露的一天。倘若連續幾個月都做不到一筆交易，最後就只能自己花錢把物件買下了。

有過取消不動產買賣契約經驗的人都知道，一旦和新成立的不動產開發公司取消不動產買賣契約，營業員可能會在你拒絕的那一瞬間當下翻臉，把你臭罵一頓。由此可見他們的壓力有多大。訂單取消不僅是丟了業績，搞不好還得扛下責任，被要求自掏腰包買下，他也夠慘的了。

在這種工作模式之下，輸家永遠只能像奴隸一樣不停地奔波，根本沒有心思去想市場行銷的事，因為他們一心只想拿到贏家手上的名冊秘密，讓業績一飛衝天，所以也不會在其他的知識上下功夫。

學習確實能提升收益的技術

超越業別的技術

公開上市籌備就是讓自己抽離現場，以局外人的角度看待公司整體的營運，所以我有機會可以思考許多業務同仁們不知道的集客技巧。

正所謂當局者迷，旁觀者清，人一旦涉入太深，觀察事物時就會產生許多盲點。況且，從旁觀者立場觀察公司營運還產生了額外的附帶效果。

那就是擺脫不動產開發這個行業別的束縛，得以自由地思考。

例如用樣品屋招攬客源、配合優惠貸款吸引客戶等等，這類不動產業界特有的集客方法並非只適用於該行業，我當時研究的市場行銷手法到哪兒都行得通。

而且不論是B2B（企業間的交易）、B2C（企業對一般消費大眾的交易）、製造業或是服務業，任一種行業都適用以建構顧客名冊為基礎的市場行銷技法。

而且，我也開始了解到所謂的市場行銷就和游泳一樣，不論讀多少書、學幾堂課，如果不實際下場操作的話還是學不會。

我在市場行銷的研究上遇到了瓶頸，我很清楚像是分徑（multi-split）或是主控（control）的測試行銷，都得實際投入資金才能越練越上手，這就好像在榻榻米上演練游泳姿勢再多次也學不會游泳一樣。

進公司上班已經過了一年半的時間，我開始覺得要是不辭去工作，自己投入廣告費用練習市場行銷的技術，我會一直是個上班族，這輩子永遠也擺脫不了日益膨脹的負債。

那時我的月薪是30萬日圓，但一年要支付的利息就已經600萬日圓，再加上延遲賠償的一年936萬日圓，若真要按步就班地還，憑我的薪水光還利息都還不起。

如今想來，那時我雖然抽離不動產開發公司員工的身份，努力研讀不分業種的市場行銷，但關於自己未來的方向該怎麼走卻都還未確立。

我有拿手的事，也有不在行的事。

我最拿手的就是招集來自四面八方的大量客源，成就一番事業。相形之下，我最不在行的就是使既有組織順利運作，讓公司繼續經營。雖然我可以「招集來自四面八方的大量客源」，但就本質而言我真的不適合經營一家公司。

因此，我開始思考當公司從無到有創立起來之後，比起自己經營，委託他人經營應該會是更明智的做法。

在這裡行業類別不是重點。事實上，截至目前為止我從事過代書事務所、不動產公司、飯店、餐廳，以及牙齒診所等等的生意，但這些生意的門道並沒有什麼不同。

我不會去看每一門生意的行業類別為何。

我從事的職業是所謂的市場行銷負責人。至於行業類別，只要是市場行銷適用的業別，我什麼行業都能做。

所以，我對行業的類別完全不設限。

不論是哪一行，只要該行業的基本結構沒有問題，我都有自信可以成功招攬客源。

自己創造適合自己生存的舞台

另外，以我如今的觀點來看，無法全權作主的行銷顧問不做也罷。因為即使為其他公司提供了解決方案，如果自己沒有權限自由運用公司資源，到最後還是很難達成自己期望的目標。

再者，為其他公司進行諮詢服務與自己承擔風險的立場不同，少了那份當事人的緊張感。

但若是自己公司以資助者的名義投入資金，進行公司重組的話，因為風險自負，失敗的苦果直接反映在自己身上，情況就有趣多了。

承受風險的壓力不同，自己能力的發揮程度也會有所不同。

就拿我從事飯店再造來做例子好了，我現在依序重建了高崎、松本以及苫小牧這幾家飯店，重建的困難度也是一個比一個高。因此，在重建苫小牧飯店時，我若沒有更勝於松本或高崎時期的技巧，苫小牧的營運績效實在很難有所進展。當時我日夜思考著苫小牧的行銷策略，同時也採取了無數的對策。過程中我還發現了一些松本或高崎時期沒有發現的訣竅。

在重建松本或高崎的那時，因為營運績效一下子就拉上來了，所以我根本沒有使出全力。然而當我將苫小牧重建時費心發掘的技巧運用在其他兩家飯店後，飯店幾乎天天客滿。這就是自我能力的增進。而且，為苫小牧飯店付出的辛勞，更得到了三倍的回報。

所以，自己承擔風險的企業重建，遠比當顧問來得有趣。再者，因為重建企業投入的是自己公司的資源，所以即便是他人反對的行銷企劃，只要自己有勝算都還是可以做做看。

只不過當客源已經完全上軌道，開始來到投入廣告宣傳以提升獲利的階段時，我對管理公司日常運作這方面就真的不在行了。

所以，我一直認為讓一個真正有實力經營公司的人來做這件事才是上策。好好努力，靠自己的力量發掘真正適合自己生存的環境。自己做不來的事就交給會做的人去做。為了創造自己可以發揮的舞台，繼續投資公司重建計劃。

這應該就是我今後的生存之道。

第6章

「以毒攻毒」的翻身法

金錢不是靠本能或直覺就可以獵取到的玩意兒

「扭轉乾坤、扳回劣勢、起死回生的市場行銷」—— 我可以清楚地感受到這個信念支撐著我的命脈、沸騰著我的血液，並且造就我充斥全身、從體內爆發出來的強大力量。

問題還沒有解決

訪客

平成11年4月上旬。從我進入中目黑的公司工作算起已經經過2年的時間。這期間，公司的股票在店頭市場公開發行，公司運用股票上市籌得的資金不斷地開發新建案。

公司原本是在住辦大樓中租下一個樓層供辦公之用，現在已買下一棟中古大樓，予以整修改建，建構起屬於自己的大樓，嶄新的公司招牌像號誌般高高懸掛在入口的牆壁上，顯得格外氣派。

櫃台也是，之前櫃台沒有配置人員，只放了一塊列著內線電話表的壓克力板，訪客得自己撥內線叫人出來，現在櫃台有接待人員招呼，完全是一副股票上市公司的排場。

之前，只有二度就業的人才會進來公司，然而自從股票上市後，開始有大學剛畢業的新人進來，公司內部頓時變得熱鬧起來。

老員工們或許是對自己公司有本事僱用大學畢業生的事感慨萬千吧？大家都在談論：「我們公司也變氣派了呢～」。

財務部也有剛畢業的女性員工加入，部門的氣氛變得明亮起來。

在4月乍暖還寒的季節裡，我開始期待自己人生是否會出現什麼樣的變化。

4月7日的午休時間。每個人還是各自到便利商店買便當，或是打電話訂便當、拿便當，任憑時間一點一滴地流逝。

我的午休時間總是在讀書中度過，這一天也不例外。我坐在自己的位置上一面讀書，一面將已經糾成一團的電話線從最根部的插口處拔除，重新理好。

話筒的連結線也不知怎麼地就糾結成一團。大概是我原本用右手接電話，為了記筆記換成了左手，換手的過程中扭轉了話筒的緣故。

當我正在整理話筒的連結線時，前面櫃台突然打來了一通內線電話。

「金森先生，前面有您兩位訪客。」

「好，我馬上來！」

才一點鐘就來拜訪未免早了些，我跑著下樓趕到一樓的接待處。

我趕忙向前，在那兒等候的兩名訪客是流氓。

其中一個50多歲，另一個30多歲，兩個人都身著灰色西裝，站在櫃台邊。

「是金森先生嗎？K先生你認識吧。其實，是K先生拜託我們來的。至於為了什麼事，你應該清楚吧！」

年紀大約五十六、七歲、個頭較小的那個流氓開口對我說道。

我後來才從櫃台的接待小姐那兒聽說，他們來公司的十分鐘前曾經從外面打電話進來，用假名字確認我是不是在公司。

如果我不在公司就白跑一趟了，為求保險起見才會先打電話確認吧？

考慮到要是在這裡發生糾紛，可能會對公司造成困擾，於是我用櫃台電話打內線給用餐回來的上司，告訴他我要外出一下，然後對著這兩位訪客說：「這裡不方便說話，我們先到外面去吧！」

在這當中，因為流氓找上門而亂成一團的思緒也漸漸清晰起來：

「啊，K先生派討債公司來要債了。」

我瞬間恍然大悟，心情也回復了原本的泰然。

只不過這時胸口湧現了另一股不安：如果今後這些流氓一直找來公司，我不就待不下去了。

「債務的事，我知道。」

「那我就長話短說。我是不是該去找你們社長談談？告訴他你欠的債務就直接從薪水裡扣。」

「欠錢是我個人的事，和這家公司無關，你們不能這麼做。」

我們在接待處爭執了起來，再這麼下去引起騷動情況就不妙了，於是我請接待小姐找警察來。

警車來了

大約過了幾分鐘後警車來到了公司門口，兩名警官從車上走下來。接著，警官向我們雙方詢問事情的原由，記下身份證號碼後說道：「這是民事案件，我們警察無能為力，請你們雙方冷靜下來好好談。」話還沒說完，就接到某派出所打來的無線電話，快速地離開了。因為民事不介入原則，所以民間的爭執與警察無關。

不知不覺中，午休回來的員工也因為好奇開始聚集、喧鬧起來了，而且讓流氓在大廳走動對公司也不好，於是我們到外面的咖啡館坐下來談。

大約談了一個小時吧，我這邊表明立場：「以我目前的經濟狀況，就算查扣我的薪水也不夠還債。」「希望能依我目前的收入提出一個我真正還得起的條件。」「希望你們不要再找到公司來。」而年輕的男子則提議：「如果先湊一些頭款出來，或許可以和債主交涉看看。」並表示：「能付多少先給多少。」雙方一直達不到共識，於是對方告知日後再聯絡，就這麼結束了這場談話。

這時我從對方手裡接過名片，知道那位50多歲的男子做的是類似模特兒經紀公司的生意。後來我試著在網路上用公司名稱做搜尋，才想起這家公司的名字曾經出現在模特兒攝影同好會的網頁上。

我想他們到公司來找我的當時，應該還沒想出可以追回欠款的辦法。他們來找我只是要對我施加壓力罷了。

當天下班後我立刻打電話給弟弟。那個時候弟弟在新宿一家名叫S財務的地下錢莊上班。當然這也是受到了我的拖累。

為了找出解決負債的方法，弟弟進入了地下錢莊工作。

弟弟任職的管理部門就是負責追討各分店收不回來的呆帳，專門與債務人對峙、交涉，所以他一定仔細想過要如何對付這種問題。

接著我聽從弟弟的建議打了好幾通電話給東京勞動經濟局的金融課，以及東京貸款協會消費者諮詢課，請教他們因應的方法。

與討債公司的攻防戰就此展開

埋伏

那天我和往常一樣在麥當勞K書，一直到打烊後才回家。

不過一走到公寓門口，我立刻查覺到情況有異。門口丟得到處是煙蒂，似乎有人在這裡待了很長一段時間。我想那人大概是在等我回家吧？

而且門上的信箱裡塞了一張便條紙，上面寫著請聯絡的字樣。一股無形的壓力自心底湧起，我當場將那張便條紙撕毀丟棄。就算我和他們聯絡事情也不會有進展，我依舊付不出錢來，即然如此，和他們聯絡也沒什麼意義。

打開門進入屋內，就看到電話答錄機的留言燈一明一暗地閃爍著。傳真機也收到了一封和便條紙相同內容的傳真。電話留言一定也是他們打的。

「您有10通新留言。」一按下留言的播放鍵，我倒抽了一口氣。

「第1通新留言。咔！嘟——嘟——嘟——」
「第2通新留言。金森先生你不在家嗎～」
「第3通新留言。真的不在家嗎～」……
我還沒聽完就把留言全刪除了。很明顯，他們已經在我家門口等了很長一段時間了。
夜裡弟弟回家後，我們一起去澡堂洗澡，我的腦袋裡不停思索著各種應對之策，並打聽了一些討債公司埋伏其他債務人的手法，並得知日本法律禁止債權人在夜間造訪債務人居所的規定。
『不破產也能還清負債的「債務協商法」讓你得到救贖！』（DIAMOND出版社）一書的讀者們經常向我反應，說我在對付討債公司章節裡寫的方法，像是使用監視錄影器啦、安裝電話側錄裝置啦，內容都十分寫實，而且過程鉅細靡遺，真的可以按表操課。那還用說！因為這些我全部實地演練過。
那本書上寫的討債對策，就是我們兄弟倆在現實生活裡做過的事。
其實這本有關債務協商的書，是我們兄弟倆寫的第一本書。人永遠不知道什麼東西將來可以派上用場。我們當時做夢也想不到這些被追討債務的經驗日後竟然可以出版成書。
為了對付討債公司，我做了許多的準備，甚至還預備了催淚噴霧器等防身武器，畢竟我欠的錢是這麼大筆數目，要是他們使出非常手段將我綁走，那就傷腦筋了。準備就緒的幾天後，我收到了一張和之前便條紙內容迥異的正式傳真。

「債務託收委任狀」

本社指定U與T為代理人，付予行使與下列事宜有關的全部權限。

記

追討本社（債權人）對金森重樹先生（債務人）持有之部份債權，金額貳佰萬日圓之所有的相關權限。另，償還方式限定以匯款方式存入銀行帳戶（東京三菱銀行飯田橋分店○○）。

平成11年4月4日

東京都千代田區飯田橋○○

M股份有限公司

董事長K

委任狀上的日期是一個禮拜前的日期，在信文的最後還用手寫的方式附加了一行文字「今日內務必致電ＴＥＬ：０３－○○○○－○○○○」

Ｋ先生沒有請他們向我追討全部的欠款，而是要求其中的２００萬。莫非Ｋ先生是想壓低與討債公司五五分帳的金額（討回的錢對半平分），所以只要求他們追討利息增加的部分？因為這上面沒有寫明債務的總金額。

於是我立刻拜託律師幫我發出一封告知他們不能到公司討債的存證信函。

到公寓討債

基本上，法律禁止債權人於夜間9點之後到債務人住處或是以電話方式催討債務，不過討債公司要是這麼遵守法律就什麼事也不能做了。反正我每天都在麥當勞Ｋ書直到店家打烊，回家時通常都已經超過9點了，所以他們9點前來不是問題，怕就怕他們埋伏在我回家的路上堵我，而且這是很可能發生的事。

我的公寓位在離大路20公尺遠的一條一米巷弄內，這條巷弄很暗，街燈照不太進來，所以夜間視線很不好。如果我走進巷弄時被人從左右兩邊挾持的話，根本逃也逃不掉。

因此每當進出公寓時，我都仔細確認討債公司的人有沒有躲在附近，加倍小心。

甚至我每天上下班時，還會放一個催淚噴霧器在褲子口袋裡以備不時之需。

打從討債公司來我住處的那天起，我公寓前的路上一連幾天都有隨手丟棄的煙蒂。這個禮拜他們一定每天都到我的住處站崗。

我想可能是因為律師發了存證信函警告他們不許再到公司要債，所以他們集中火力專攻我的住處。

而且，電話答錄機裡依然有他們打來催討的留言。

一通一通地聽取這些留言實在有害身心健康，所以我一回到家連聽都不聽就立刻將留言全部刪除。

和我一起同住的弟弟對討債的工作很在行，但反過來被人討債卻還是頭一遭。雖然事實上我不曾遇見過那些討債公司的人，但連日發現他們來過的跡象已經夠讓我精疲力竭的了。

不過，那些討債的人或許已經料到我會很晚回家了，我想近期內他們一定會再採取其他的手段來對付我。

向鄉下的老家討債

就這樣被埋伏了兩三天，有一天我才想說討債公司的人沒再出現了，結果那個週末就接到了母親的來電。

「家裡來了幾個流氓，說你欠了好幾千萬的債務，這是真的嗎？」

「他們說了些什麼？」

「他們說除非你還錢，否則每天都要來家裡問候。」

「你爸嚇得頭髮都白了。」

「那後來呢？」

「我說錢是孩子借的，我們又不是保證人，要討債該向本人要去。」

「這樣說就對了，如果他們再來妳就叫警察。」

「你也替家裡想想，做事要有點分寸。流氓找到家裡來，附近的鄰居會怎麼想呀？」

「太可惡了，沒想到他們這麼明目張膽。」

「真是的，我該怎麼辦才好啊？」

我沒向岡山老家提過欠債的事，所以這對母親而言真是晴天霹靂。母親只能不停地唉聲嘆氣。至於父親，在兩個男人的威脅下，他只是一個勁兒地發抖，一句話也說不出來。

我不知道該怎麼回答，也沒臉要求母親原諒，只好掛上電話。在此同時，我對K先生的怒氣像火山一樣爆炸開來。之前討債公司找上門來，我還覺得欠錢沒還是自己不對，但現在他們討債討到毫不相干的父母身上，這真的太過份了，我不再感到愧疚，取而代之的是滿腔的怒火。

之前我每個月都會匯幾萬塊給告訴我能還多少就還多少的K先生，經過這次事件後，我鐵了心決定不再付錢。

我已經完全了解「能付多少就付多少」這句話的真正含意，況且他們向債務人以外的第三人討債，眼裡根本就沒有法律。

若是如今的我來看，這些根本就是常識中的常識。像我現在收購公司之際，債務人都會停止還款給銀行。因為一旦債務人笨笨地與銀行進行延遲還款的協商，一切就會被銀行牽著走，無法再依債務人的意思進行。

反之，如果停止還款給金融機關的話，他們能做的就只有拍賣資產這個唯一選項而已。

況且，我當時名下沒有任何不動產，是完全無擔保的債權。

K先生打算動我岡山老家的腦筋，想拿那些資產抵債，在我沒找保人的情況下，他這麼做根本就是病急亂投醫。

現在除了扣押我的薪水之外他別無他法，但扣押薪資並不能扣押薪資的全額，頂多一個月只能拿到21萬而已。

於是，在我已經豁出去的情況下，K先生幾乎是無計可施。走到這個地步，雙方當然就只有坐下來談了。

有方法可以逃離這個負債地獄嗎？

我不申請宣告破產的理由

如今討債公司的人已經找上老家的父母了，我完全是走投無路了。

這時你可能會想：「為什麼不申請宣告破產呢？」關於這一點我在此簡單做個說明。

所謂的宣告破產，並不是說破產後負債就一筆勾銷。宣告破產，收到法院發出的免責許可之後，負債才算解除。

但也不是所有債務都可以拿到免責許可。法院會依據破產法，將不能免責的理由裁定為「債務不能豁免的事由」。在此情況下，就算申請宣告破產，負債依然存在。

所以申請破產是一種愚蠢的行為。

就當時的破產法而言，因投機行為產生的負債被歸為債務不能免責的事由。換言之，以我的情況，就算申請破產也於事無補。

此外，日本在平成17年已經頒布破產法修訂版本，明文規定所謂部分免責的裁量免責制度，不論是負債不能豁免的事由或是經法官裁定的部份償還情況，只要債務人支付其中的部份金額，譬如說十分之一，剩餘的部份就可以免責。然而在平成11年的當時，破產法還未修訂，以我的情況來說就算宣告破產，能夠取得債務免責的機會也是微乎其微。

我問過許多專門處理期貨交易糾紛的律師，調查過許多判決的案例，結果律師們都異口同聲地表示我應該無法取得免責許可。

因此，我連申請破產這條路都行不通。

我為老家惹了麻煩，連家都回不去了。連我自己都覺得自己是個笨蛋。

自從被H先生騙了之後，我一直以來的心理過程，就如同精神科醫生庫布勒・羅絲（Elisabeth K?bler-Ross）在她的著作『死亡瞬間』中所陳述的狀態。

我在此大略介紹一下，羅絲在醫院工作期間看到了許多病患邁向死亡的過程，並以此為依據將末期病患們的死亡歷程分為五個階段。

第一階段 否認：無法接受自己即將死亡。
第二階段 忿怒：不得不接受自己即將死亡的事實，轉而將自己為何非死不可的忿怒發洩在周遭人的身上。
第三階段 處理：開始試著尋找能夠活命的方法。
第四階段 憂鬱：覺悟到自己免不了一死，因束手無策而憂鬱。
第五階段 接受：接受自己即將死亡的事實。

對當時的我來說，這筆巨額的負債就和擺在眼前的死亡宣告書沒什麼兩樣。然後是得知宣告破產也甩不掉負債的事實，還有公證書、流氓到公司討債、老家父母被討債的殘酷打擊。再加上我的負債因為一年600萬日圓的利息以及一年936萬日圓的延遲賠償，正一分一秒地不斷膨脹。

回顧一路走來發生的事，一開始欠下一輩子都還不清的債務時，我根本搞不懂怎麼會走到這種地步。

雖然腦袋也明白這是真的，但我這個連消費貸款都會猶豫不決的打工仔竟然會成為5000萬負債的債務人，實在教人難以接受。我實在不想承認。（否認）

接著我確信自己的確為那些債務進行過公證，不得不承認自己確實欠下了大筆金額，於是我開始對欺騙我的H先生感到無比忿怒。

「把我害得這麼淒慘！他到底對我做了什麼好事。他把我的前途全都毀掉了！把我的人生還給我！」

後來H先生躲起來了，我滿腔的怒氣一直無處宣洩，情緒長時間都處在激動的狀態。（忿怒）

然後，當忿怒的階段過去後，我開始思考有沒有什麼方法可以讓自己擺脫這些債務。

雖說負債是改變不了的事實，但會不會有什麼法律途徑可以解決呢？或者有什麼生意可以讓我還清這些債務呢？

我試了各種方法。從調查破產法的判決案例，到與討債公司交涉。（處理）

最後我覺悟到這個方法在平成11年的當下根本就不存在。我開始變得意氣消沈。（憂鬱）

然後，討債公司的人找上了老家的父母。

啊，這也是沒辦法的事……。（接受）

這不正是接受死亡的第五階段嗎？我自己都笑了。

這天，我對長久以來煩惱不已的債務問題徹底斷念了。
這麼說並不是打算殺了H先生，做個了斷。
其實我是想去燒肉店好好地吃個飽。

那天，我和弟弟到飯田橋車站對面一家名叫「燒肉市場」的平價燒肉店吃燒肉。
我跟弟弟說了討債公司到老家找父母要債的事，並告訴他我已經走投無路了。
牛五花、啤酒、牛五花、啤酒、有時配些泡菜，之後就一個勁地猛灌燒酎，藉此忘記一切，我醉到怎麼走回家的都不記得，就這樣倒在棉被上呼呼大睡。

遇到困難就睡一覺

從我的經驗來看，人要經歷過庫布勒．羅絲說的第五階段——接受，才有可能再爬起來。

人要是落入了絕望無助的陷阱裡，就該「積極地放棄掙扎」。所謂的放棄掙扎，絕對不是要你就此絕望放棄。

之所以說要放棄掙扎，是因為人如果不這麼做，就無法面對自己無法負荷的危機。

這種時候如果躁進妄動，就好比困在劍陣裡身體還激動地轉個不停一樣，一定會被劃得遍體鱗傷，體力消耗殆盡，最後就算真有萬分之一的脫身機會，也變得絲毫不剩，只會傷得更重。

如今的我認為當人達到接受的第五階段後，應該先把遠超過自己容忍範圍的困境擱在一旁，抱持著「睡一覺起來說不定會有轉機」的想法，這很重要。這並非單純地逃避現實，它可是一門很大的學問。

人的情感與思緒一旦落入了無止無盡的迴路，就會出現精神疾病或憂鬱的狀況。

我之前歷經種種爭執、危機與脅迫，在那樣的處境下還能心平氣和就是因為有「好好地睡上一覺」。

當討債公司找上門時，只要好好睡上一覺就好了。當被流氓逼得精疲力竭時只要睡一覺就好了。當發生爭執，事態變得更加嚴重時，也是睡一覺就好。

在漫漫人生長路上會遇到各種不同的困境。

比如說與朋友發生糾紛，結果對方飲藥自盡，自殺未遂……。

沒買保險，結果卻發生交通事故把對方撞成了重傷……。

幫人作保，結果那人跑了，自己莫名其妙揹上了好幾億元的債務。

人不得不去適應自己無法容忍的外在環境，像這樣的情況一輩子會遇到好幾次。

在這種時候，就算讓自己一直處在超出負荷的壓力下，無法負荷的事依舊無法負荷，終究於事無補。

這麼做只會造成胃痛、精神疾病以及憂鬱症罷了。

遇到負荷不了的狀況，我就吃頓好的，然後睡覺。因為人即使處於睡眠狀態腦袋依舊會不停地思考、運作。

這可以讓思緒跳脫永無止境的迴路。

睡著時做的夢大多是昔日友人突然來訪，或自己突然置身不明場所等亂七八糟的內容，然而這些超乎邏輯的荒誕內容或許正隱藏著解決問題的答案。

無止無盡的迴路是永遠繞不出來的，只有在迴路以外的地方才有可能找到答案。因此，與其找不到答案心急焦躁，還不如好好地睡上一覺。絕望是不會產生結果的。

等早晨醒來後，再換個心情面對就好了。

我遭遇過好幾次平常人可能會上吊自殺的重大危機。但我還是平心靜氣地挨過去了。

我之所以能泰然面對一般人可能會精神崩潰的困境，純粹是因為我不硬撐，負荷不了我就避開。

四面碰壁也能平心靜氣，屢敗屢戰的死皮賴臉，若不是這樣我根本無法繼續向前邁進。

人生不會一直一帆風順。失敗是人生必經的過程。人的志向越大，面臨的考驗就越大。

「山谷越深，山就越高」。

一開始一定要接受一番試煉。如果才一次考驗就被擊潰，人絕對達不到自己想要的目標。

相反地，如果通過了這次的試煉，就可以看到截然不同的世界。

在經歷考驗的過程，睡個午覺先放自己一馬也無妨。我認為這種死皮賴臉的態度對度過人生困境而言很是重要。總之，那天我飽嚐了燒肉，喝酒喝到不醒人事，然後倒頭大睡。

剛到東京被服飾店員逼著簽下高額合約、心裡煩惱不已的時候，我學會了一項重要的生存智慧：「遇到困難就睡一覺。」就是這個智慧一直守護著被逼入絕境的我。

以毒攻毒

在黑暗中覺醒

流氓找到老家討債，有家歸不得的夜，酒足飯飽倒頭大睡的夜，此時此刻的我真的是一無所有了。

對於這些負債我已經完全舉手投降了。

宣告破產也行不通，只好放著讓債務繼續膨脹。從今往後我會一直被討債公司的人糾纏，而且討債的手段也會逐步升級，這些我已經有所覺悟，反正久了就習慣了。

那一夜，我又夢到了那個許久不曾夢到的夢。

遠處，小女孩哼著兒歌……

錢是甜的　還是酸的……
錢是甜的　還是酸的……
錢是甜的　還是酸的……

可能是喝太多了，我夜裡起來上了好幾次廁所，因口乾舌躁喝了好幾次水，然後又回去睡，但還是夢到那個唱兒歌的夢。

原本只是數目字上的負債，如今卻變成了真實生活的危機，還被追債追到住處、公司和老家，真是夠了。

在睡睡醒醒的淺度睡眠中，我不著邊際地胡思亂想著。

這時，睡夢中的我腦海裡突然浮現出一個情境。在夢裡，我就像在擺弄玩偶般地自問自答。

「如果找到投資200萬可以賺回300萬的生意，那我不就現賺100萬了？」

「可是，我要去哪兒弄這200萬呢？」

「跟別人借嘛！」

「可是，如果還不出來怎麼辦？」

「說的是什麼話？你不是都已經負債5000萬了嗎？還不出來頂多是負債變成5200萬而已，多這200萬有差嗎？」

「……………啊！啊！」

那一瞬間我的腦袋整個清醒了。

「沒錯，我已經一無所有了。連老家也歸不得。」

「不管負債有沒有增加，反正還不出來就是還不出來。」

「就算負債真的增加了，最壞也就是現在這樣了。」

「這麼看來，要是不試試看就是自己的損失了。」

進公司後觀察到的種種，在籌備公開上市事宜時學習到的種種，每天在麥當勞讀到打烊所學習到的種種，各式各樣的謎團在這一瞬間全部拼湊了起來。

我想所謂的覺醒，大概就是將散落的積木重新組合回來吧？

其實我的腦袋在這之前早就搜集好所有付諸實行的必要材料。

只不過我只知道A＝B以及B＝C，這些訊息零零落落地散在各地。腦子裡的東西雜亂無章，我還無法融會貫通地了解因為A＝B以及B＝C所以A＝C。

然而這些在睡夢中全部組合在一起，我完全可以理解了。當知道自己已經完全融會貫通的那一瞬間，我在被窩裡感覺腦漿彷彿正在收縮似的，接著全身上下泛起雞皮疙瘩。

這並非夜晚的寒意所造成，而是起因於覺醒的狂喜。

清醒的這一刻

有過這種體驗的人就會知道。所謂的覺醒不是從神那兒獲得自己原本沒有的東西，而是自己一直以來擁有的東西在那個時點超越自己的思考範疇，一一地堆砌組合起來。

從原本A＝B或B＝C或C＝D等等的常見組合，頓時融會貫通，變成為A＝E或者是A＝Z。

神沒有賜與任何東西。只是人想通了那些原本就存在自己心中的意外組合。

覺醒與單純的察覺不同，它可以說是察覺的連鎖效應，有好幾個次元的不同思緒在腦中激盪，憑直覺放射開來，讓人可以看得更深更遠。

如今想來，當時的我因為潛意識裡抗拒借更多的錢來減少負債，所以在清醒的時候怎麼也想不出這個方法。

因為用增加負債的方法來還債，就好像是「以毒攻毒」一樣。

不過若是在夢中，就可以跳脫清醒時自我設限的框架，得到這種常理以外的組合。也因為這樣，我才能有「反正都還不起，多一點或少一點還不是都一樣」的新奇想法。

在黑暗中胡亂爬行的我眼前出現一條明路，我感到無比的興奮，再也無法入睡。

只要能讓商品和金錢以超快的速度交換流通，就可以賺錢。

用資料庫行銷的方式將顧客編列成冊，再創造讓他們購買商品的環境，商品和金錢就可以快速流通。

這個名冊只要借錢打廣告就可以完成。

用打廣告賣商品賺回的錢償還債務，然後再借錢。

要是有了本錢，就可以借更多的錢，生意也可以再做大。

如果生意做大了，「沒錯！就像之前K先生說過的：『現在的５０００萬和我用５０００萬滾出10億的５０００萬意義是不同的。』他指的就是這個意思。」

如果想用自己一丁點的收入來投資，以錢滾錢，無異是杯水車薪。

況且，只要能從投資中賺取收入，讓收入不減，又能讓錢繼續越滾越多就沒問題了。

這樣下去，等到有天資產膨脹的速度追過負債膨脹的速度，問題就解決了。

我當時應該還有考慮到更多方面的事才對，不過因為那個時候所有念頭都是一次湧現的，所以老實說我現在已經完全想不起來了。

我腦中的思考桎梏一一瓦解，思緒無限狂飆。

潛藏在我體內的強大力量不受控制地恣意奔馳，超越了我的理智。

之前累積的所有知識在這一瞬間組合完成。

比起前一晚認命買醉、倒頭大睡的處境，如今就好像換了一個時空似的，我開始了解一切。之前造訪許許多多債務人的日子，每天下班到麥當勞K書的日子，為了籌備公司股票上市事宜辛苦研究的日子，這些日子都沒有白過。

「扭轉乾坤、扳回劣勢、起死回生的市場行銷」

我可以清清楚楚地感受到這個信念支撐著我的命脈、沸騰著我的血液，並且造就我充斥全身、從體內爆發出來的強大力量。

雖然情況並沒有任何改變，但我的心態以及我看到的一切已經完全不同。

來到東京後，歷經了數千個渾渾噩噩的日子，我終於突破了自己的瓶頸。有人就是這麼慢才開竅。

以毒攻毒

「以毒攻毒」。

我想沒有什麼比這四個字更適合用來說明我當時頓悟到的解決辦法了。

我長期為負債煩惱。但那時我得到的償債秘策，卻是用一直困惱我的舉債方式來解決負債。

在債台高築的情況下，利用疊高負債的方法來減少負債，這除了用「以毒攻毒」來表現之外，真的再也找不到更合適的字眼了。

在已經負債累累的情況下，欠下更多的負債與為償債而借錢的意義是不一樣的。前者的借貸終究是消耗性的借貸，而後者的借貸則是生財的道具，是生產性的借貸。這兩者同樣是借貸，同樣是金錢，卻有完全不同的意義。

前面提到因為他們討債討到老家的緣故，我從那時起就不再付錢給K先生了，但其實這麼做是有理由的。

若我繼續付錢給K先生，我的體力會慢慢損耗，我永遠都不可能存到一筆用來當做生財道具的錢。

反之，只要我能擁有用來生財的錢，哪怕只有一丁點，也比一切從零開始要來得容易。

如果用生財道具生出的錢可以再繼續生出更多的錢，像滾雪球般越滾越大的話，有天金錢膨脹的速度就可以趕上負債膨脹的速度了。

若以K先生的欠款為優先考量的話，我的手頭永遠也不可能存到用來生財的母錢，目前應付利息比可償金額還要高的情況下，我永遠都無法從負債的輪迴中脫身。

只要徹底分清楚消耗性借貸與生產性借貸，兩者不要混在一起，用來生財的錢就可以增加。

而且，用來生財的錢除了是自己工作賺來的薪水之外，也可以是借來的錢。因為金錢是不分顏色的。只不過借來生財的錢一分一毫都不能用在消費上。

如今無債一身輕的我仍未忘記當時的一些體悟。

如今在消費這方面我幾乎不花一毛。我手上戴的手錶是高中入學時得到的禮物，是售價約3000日圓的CITIZEN電子錶，23年來我一直都很珍惜它。

我的信條是戒除奢華，凡事不求表面，這與當時的覺醒也有關係。

後面我扼要地說明一下我的生財之道。已經當了三年上班族的我決定利用在公司期間取得的代書證照來賺錢，並利用傳真宣傳的方式招攬了大量的客源（傳真廣告這個詞正是我發明的）。

透過這個方法，我在業界平均年收300萬日圓的代書行業裡創造了1億日圓以上的年營業額，賺到了第一桶金。

有了這些母錢，我再向銀行貸款，投資了一處收租用的大樓，每年的租金收入擴大為幾千萬日圓的規模。

同時，因為投資不動產而借貸的金額有數億日圓，因此我的負債也越來越多。

雖然收入增加了，但負債也變多了。

我真的是徹底實踐「以毒攻毒」這四個字。

時效到期之前

存證信函與複利

隨著時光流逝，4年又11個月一下子過去了。

K先生的討債行動之後仍一直持續著，甚至我結婚後他們還到我太太的娘家以及我們的新家來要債。

這時我的資產雖然不停增加，但還沒有趕上利息增加的速度。

不過對於金錢的洞察力，我已經有了跳躍式的進步。因此在過了4年11個月的這時，我已經可以完全猜測出對方的下一步計劃。

我沒付K先生利息已經快五年了。定期給付請求權的時效是5年。如果K先生想採取什麼行動的話，最明智的做法就是拖到最後一刻再出手，讓利息滾到最大極限。他若有什麼動作，想必會在五年效期屆滿的最後一個月，等利息賺飽之後才行動。

平成16年3月的某天早晨，我在家裡聽到有人敲門的聲音。當時討債公司的按鈴聲讓人不勝其擾，於是我拆了門鈴，有人來時就直接敲門。

不過，這幾個月來討債的人越來越少了，我也好久不曾有過緊張的感覺。

「是來要債的嗎？」

我從大門的監視孔窺探，才知道是郵差。

「金森先生，有你的存證信函。」

不出所料，K先生在時效到期的10天前為了避免時效中斷，寄了一封存證信函來。

通知書

本公司（債權人）對閣下（債務人）持有以下請求債權清單所記載之債權。

請於本函寄達後之7日內償還欠款。

請求債權清單

金額127，367，329日圓

以下附記項目1與項目2之總合

附記

1. 金額54，448，096日圓（本金金額）

債權人對債務人於平成10年7月16日之通知書中內所載金額54，458，096日圓，扣除平成10年7月27日之還款10，000日圓後所得金額。

2. 金額72，919，233日圓（延遲賠償金）

平成10年8月1日乃至平成16年2月底之延遲賠償金72，999，233日圓，扣除還款總計80，000日圓後之餘額。

平成16年3月21日

東京都千代田區飯田橋○○

通知人　M股份有限公司

董事長K

東京都港區六本木3－5－○○

被通知人 金森重樹先生

本存證信函為平成16年3月21日

第○○號

依郵局存證信函方式寄出，以此為證。

東京中央郵局

「1億2700萬日圓……」

雖說我已有覺悟，但負債的金額也膨脹得太驚人了。

原本借款3900萬日圓本金加利息變成的5400萬日圓負債，經過這5年的時間，一共滾出了近7300萬日圓的利息。

緊接著7天過後，K先生立即向東京地方法院民事第32庭提出要求，請求我償還1億2700萬日圓的欠款。

審判當天

當天我坐在東京地方法院民事第32庭外面走廊的長椅上，靜靜等候律師在和解室與K先生商談的結果。

法官針對雙方的說辭以及和解的提議，各別傳喚我和K先生到庭問話。律師幾十分鐘前進入和解室後就沒再出來過。裡面除了律師外還有K先生和法官，他們正在討論和解的可能方案。

法院基本上都不喜歡案件進入司法程序。因為司法審判曠日費時，而且用和解方式快速解決可使法官處理的案件數增加，績效也比較好。

之所以會花這麼多時間討論，大概是因為K先生不想和解，打算對我提出告訴吧？如果無法達成和解，我根本付不出K先生請求償還的金額。

要是K先生堅持行使他的債權，恐怕我就得被迫宣告破產了。不過在我的對抗之下，K先生可能會無法要回全數的債務。這種愚蠢的行為對他一點好處也沒有，所以我想最後的結果應該還是和解吧？

走廊上只有寥寥幾人，我坐在長椅上抱著頭，閉著眼睛，靜靜地思索著，這時律師出來了。

「金森先生，K先生變得有些意氣之爭了，他說就算自己損失也不在乎，決定要對你提告。」

這個律師之所以會用這麼熟稔的語氣跟我說話，是因為他是我代書事務所相關工作的配合律師，跟我很熟。

「可是，K先生是商人耶。他幹嘛做這種蠢事？照常理來說，他應該以能要回最多金額為優先考量才是。這才剛開始，他不應該會這麼意氣用事啊？」

「不，事情好像不是這麼回事。K先生表示金森先生有十足的還款能力。至於這個說法的依據為何，他說會在下次的和解日提出證據。」

「他指的是什麼呢……？真讓人心裡發毛……。」

「法官提議說先付一成的頭款，之後本金再按期攤還，但他似乎很有把握，並不接收法官的建議。」

「那，結果會怎樣？」

「哎呀，這不用問也知道。當執行時，你可能就要被迫宣告破產了。」

對我而言，這真是出乎意料的發展。從5年前開了窾到現在，我在這段期間已經賺得了1億日圓的現金。不過因為這個月也是報稅的日子，所以我必須準備一筆錢來繳納所得稅。而且，結婚之後我太太為了怕我有個萬一，她自己買了一棟投資用的大樓以備不時之需。這個月她打算買下第2棟大樓，我們講好了我要贊助她2500萬日圓，讓她拿去支付2億5000萬日圓大樓的部份費用。

所以，若以目前手頭上的現金來說，我是拿得出5400萬日圓來償還本金，但連本帶利的1億2700萬日圓，我真的付不出來。

在這5年的時間裡，我的資產也有長進了，就算要求債務一次全清，我也還得出本金，所以如果真能照法官提議的和解方式，先付一成頭款，之後再分期償還的話，我一定沒問題。

「如果可以依法官提議的內容達成協議的話，那該有多好……」

當時我已經開始經營自己的不動產公司，如果宣告破產的話，我的公司就付之流水了，好不容易滾大的資產雪球也會瞬間瓦解，原本付得出的錢也會變得付不出來。如果不想辦法達成和解的話，我之前的努力將全部化為泡影。

而且，我自己也另外單獨投資了一棟大樓，開始收租，如果宣告報產，大樓會被拍賣，已經繳了5年的貸款就白費了。這樣一來，支撐我的兩大收入來源之一，也就是工作收入之外的租金收入也沒有了。到時如果我得重新來過的話，就沒有這5年累積的不動產收益做後盾了。

如果事情走到這個地步，K先生反而得花更多時間才能要回他的債務。

於是我告訴律師，不論如何都要想辦法幫我說服法官，讓這個案子以和解收場。

「可是，K先生是個相當奇怪的人耶。雖然法官也說這樣的金額，能先要回一成算很不錯的了。」

律師做出一付不太可能的表情，對著我笑。

我目前付得出的金額，就只有5400萬日圓的本金部份。可是，如果把這情況講出來的話，K先生很有可能會採取強制執行的方式，將這些錢拿走，當做是利息的一部份。

如果這5400萬被拿去當利息的話，我的負債連本帶利還有7300萬，這些錢就得從頭開始賺，而且每年還會不斷產生年利12％的876萬利息，以及年利24％的延遲賠償金，我的情況將會比5年前更慘。

當人一無所有的時候沒什麼好執著的，可是，當有天自己真的付得起了，對之前努力得來的成果就會執著不已。

我實在沒那個氣力再從7300萬本金、12％年利的負債開始出發了。

從東京地方法院搭計程車經溜池回家的路上，我坐在車裡呆呆地望著窗外掠過的春季街景，憂心忡忡地陷入沈思。

不過，我認為K先生還是有可能在最後一刻選擇儘速要回最多的債務。

如果他無法在短時間要回這些欠款，當我的經濟狀況有了變化時，這些錢可能都要不回來。在要得到的時候先要到錢，即使只有一部份也好，這是一般人的思考邏輯。

和解日當天

一轉眼就到了裁決的日子。我還是坐在東京地院走廊的長椅上，抱著頭閉著眼，靜靜地想事情。

這時，律師略為激動地走出來向我說道：

「K先生帶了許多金森先生接受雜誌專訪的報導，堅持你有一定程度的還款能力。就是這樣所以他上次才不答應和解啊。情況不妙耶。搞不好可能會調查你的不動產，採取強制執行的手段哦。」

我抽搐了一下。不知道K先生對我的調查進行到怎樣的地步，如果他有掌握到我的現況，大概也已經知道我的經濟狀況在走上坡了，他可能已經仔細評估過要與我長期抗戰，先收利錢，至於後頭的本金7300萬日圓就當做是投資年利12%的金融商品，打算長期持有。

很可惜，這下恐怕是玩完了……

可是，想到我這5年的心血……

想到這裡，我的心裡只有不斷地悔恨再悔恨，我不得不承認自己的無能，想到K先生的城府之深，想到自己是花5年時間養胖自己等著被宰的牲畜，這一切的一切在我腦裡像旋渦般轉動，我不知該對律師說些什麼。

接著，輪到詢問當事人的時間，法官要聽我本人的說法。

「Y先生，真的很感謝你。就讓我親自和法官說吧，我已經準備好了。」

那時我也緊張了起來，對律師講話不再吊兒郎噹，而是使用正經的語氣。

「嗯，我去叫法官，你進去吧。」

我就待在僅能容納六人左右的和解室內，靜候法官的到來。

不一會兒法官終於來了，他向我轉達K先生的意思。

接著，我向法官出示自己準備的種種資料，拚命地向法官解釋說明。
法官目不轉睛地注視著我，靜靜地聽我說。

「那，全部就這些了？」
「是的，都在這兒了。我想說的全都說了。」

之後我能做的，就是等待和解結果揭曉的最後一刻了。

也許我的命運也將從那一刻起產生驟變，我將再次破產，我這隻笨牲畜的5400萬將被拿去當利息，而且債務不得豁免，我將再度被放逐到負債7300萬本金、年利12％，以及延遲賠償金一年24％的地獄裡。
如果事情變成這樣，我又得拚命養肥自己，在不致喪命的程度下榨乾自己，支付利息，一輩子為了還清欠債過著雖生猶死的生活。

起死回生

與K先生的最後戰役

終於到了法官宣佈是要提告還是要和解的時刻了。

如果結果是提告，那麼我將被迫宣告破產，而且債務不得豁免，再次揹負著7300萬日圓的負債以及年利12％的利息和一年24％的延遲賠償金活下去，若是和解，不管最後達成協議的金額是多少，我都有還清的可能。

但願我在當事人質問時出示給法官的資料能夠多少發揮點效用……。

我和律師以及K先生進入房間，等待法官的到來。

這過程可能還不到三分鐘的時間，我們彼此誰也不看誰，就這麼沈默著，房間內流竄著令人不快的空氣。

K先生已經向法官表明心意，態度似乎十分堅決，然而那雙唇緊閉、不發一語的表情卻未透露半分端倪。

沒有人出聲，時間在沈默中慢慢流逝，我受不了這種死寂的沈默，摘下眼鏡，用襯衫袖口擦拭鏡片，藉以打發時間。

如果不這麼做，我實在不知該如何等到結果揭曉的那一刻。

接著，法官走了進來。

「K先生最後還是執意要提告。」

法官開口說道。

啊啊……，K先生果真想把我逼到破產的絕路上。

如今想來，K先生雙唇緊閉的表情，應該就是他心意已決的表現吧。

相信我的人

「不過……」

法官繼續說道。

「我覺得從金森先生提供的資料來看，這個案件應該要朝共同投資事業的方向來檢討才是。」

他說的是我提供的那些資料。

細節就不在此贅述了，總之我寫了一份書面資料，內容說明雖然是我向K先生借錢投資，但從結果來看，若我賺了錢K先生可以分得利益，若我賠了他也可以向我討回借我的錢。

簡單地說，這就像是在投資可轉換公司債一樣。法官還說，或許K先生趁H先生找他商量之際，反過來利用H先生引我入局，打算在風險由我承擔的情況下進行投資也不一定，身為一個法官，這種可能性是必須予以查究的。

所謂的必須予以查究，就是暗示如果追究的話，K先生就沒有絕對勝訴的把握了。

「所以這個案件，在考量實際情況後，我認為和解是最適合的解決方式……」

我感覺法官擺明了就是想要雙方達成和解。

「另外，K先生，你似乎在金森先生的老家、工作場所、金森先生妻子的娘家造成不小的騷動呢。」

我明白法官說出K先生支使流氓討債的違法行為，是為了給K先生一些壓力。

K先生被人說到痛處，臉一下子脹紅，他氣炸了，連隔著桌子面對面的我都能感受到。

「那不然你反過來告我呀，看是要怎樣，就算要請求損害賠償或是什麼的，我都奉陪啦！」

K先生怒不可抑地撂下狠話。

「是嗎？哼！這裡有一張金森先生的妻子到醫院拍的照片。」

那是我提供的照片。剛結婚時，討債的人找到家裡來，我的太太被嚇到失控割腕，那是到醫院就診時拍的照片。

想到太太竟為了我豁出性命幹出傻事，我痛不欲生……。

那一瞬間，K先生啞口無言。畢竟他真的做得太超過了。再怎麼說太太又不是我的保證人，他這種做法任誰來看都覺得過份。

「一成的頭款……，我實在無法接受……」

K先生一臉痛苦地從喉嚨底部擠出這些話。

K先生察覺若依法官的自由心證就這麼進行審判的話，判決的結果應該會對自己不利。

法庭上，當法官有意無意地向當事人透露自己的心證，但當事人還是硬唱反調、不肯罷休的時候，法官就判其敗訴使之自食惡果，這種例子也是有的。

在此之前一直都是法官與K先生在對話，然而這一刻我第一次開口說道：

「5400萬日圓的本金，我願意以現金方式全額償還。」

於是，案子在這一瞬間達成了和解。

我後來聽律師說在和解條文具體付諸於文字的那段時間，K先生好像很懊悔似地，一直不停地叨唸著「我輸了」、「我輸慘了」。

相對地，法官反倒很訝異像這種高額的債務求償案件，債務人竟然會自己答應要支付全額的本金外加利息。「你借出的金額全都要回來了，而且還收到了1500萬的利息不是嗎？」他如此安慰K先生。

聽到K先生的這番話，大家應該就知道我前面提過的：**「除了H先生之外，還有人因為我的期貨交易慘賠而獲利，而且這個人就在我身邊」**這句話的含意了。

從東京地方法院搭計程車經溜池回家的路上，我看著窗外掠過的街景，時值4月，行道樹已經發出綠芽，宣告新季節的來臨。

按下電動車窗，春天午後的和煦微風輕輕拂過臉頰。想到18歲到東京後這18年一路走來的徬徨與迷惘，我的心裡感慨萬千。

尾聲

從我還清負債到現在，已經過了兩年了。

我如今的事業主要是經營代書事務所和不動產投資公司，不過我也幫一些為負債所苦的經營者進行公司再造。

從前年起，我接手三家經營困難的飯店，進行改造後自己經營。

飯店的員工中，有一個人因負債不得不申請宣告破產。

他在投資市場上慘賠，之後就搬到北海道住，因為看了我的電子刊物，所以和我聯絡。

我知道他搬到北海道後一直找不到工作，所以就問他要不要來我經營的飯店做事。

現在他一面在飯店裡工作，一面規劃如何重建自己的人生。

買下賠錢的公司，再應用我本身具備的行銷技術招攬客源，這樣一來公司的營業提升了，公司也就得以重建。

然後，重整後的公司將可以再為破產者創造因公司倒閉而失去的就業機會。這是我現在想要實踐的事。

經營者的情況是個人破產＝公司倒閉＝失去工作，比起破產的上班族，他們想要東山再起會更加困難，所以我必須幫他們一把。

放手讓賠錢的公司倒閉很簡單，只要走一趟法院就行了。

然而，在那之後破產者的人生將不受法律的保護。

所以，一定要有個人本著相互扶持的精神，創造一個彼此能共生共存的世界才行。

我曾在無數個志工團體中提過這件事，但他們好像都很避諱提到金錢，還說經營者會破產都是自作自受。不過當我要離開時，他們還是無法免俗地對我說：「請您捐款贊助我們」。

看來，這個運動不能由這些志工來完成，那麼就讓我這個全身泡在資本社會中，用「以毒攻毒」策略從負債泥沼裡游出來的人來實踐吧！

就我個人來說，與其為全人類奉獻、拯救世界窮困的人，我更希望能先幫助眼前這些為日本創造就業機會、正處於水深火熱中的公司經營者。

請務必來信分享您對本書的讀後感想。

URL: http://www.103931.jp

『倒閉救濟會』收

我想今後我也將繼續待在我可以發揮的地方，做我有能力做到的事。

後記

我來東京後這18年歲月裡發生的事就到此告一段落。

最後，我想說說我從中得到的一些想法，請大家再聽我囉嗦幾句。

人從小學時期收到第一個裝零錢的小錢包，一直到年老、記憶力減退，死後送往火葬場火化為止，無時無刻不在與金錢打交道。

有人從出了社會到去世為止都離不開信用卡，幾十年的時間都在負債中渡過。也有很多人用自己的生命做擔保，選擇了自己無力負擔的房屋貸款，企圖一圓成家的夢。

被金錢包圍的人類是什麼模樣呢？人是煩惱的、痛苦的、走投無路的。有些人還會想殺人或自殺，人與人間有爭吵、憎恨、欺騙與憤慨。

但另一方面，金錢也可以帶給家人美味的食物，滿足衣與住的必要需求，它也有提供幸福的美好一面。

「金錢可以是殘忍的主人，也可以是能幹的佣人……《塔木德經》（猶太教的法典）」

是哪一個，全看當事人自己的心。

我用18年的歲月在債務的煉火中求生，練就了「有道理可循的億萬富翁養成法」，如果有人知道這個方法，或許就可以善用金錢，將金錢讓人幸福的一面發揚光大。

前不久才桌併桌排排坐、一邊愉快聊天一邊享用學校營養午餐的朋友們，有人任意操控金錢，有人卻生活窮困、苟延殘喘地過日子，這是一個受金錢支配的社會。

其實，所謂的金錢是人類創造出來的人工經濟環境下的一種產物，在動物的世界裡根本就沒有金錢的存在。

所以，金錢不是靠生物本能或是靠直覺就可以獵取到的玩意兒。

有些時候，如果不採取像「以毒攻毒」這類違反本能的行動反而會賺不到錢。

在債台高築的情況下，借更多錢來減少負債的思維就是最佳範例，若不是朝著與本能完全相反的方向去思考，絕對想不出這種答案。

如果依循本能的思維，一般能想到的辦法就是靠省吃儉用來還債。

我這個只會讀書、未經世事的鄉下少年在社會的巨浪中受創、受騙、渾身沾滿了世俗的污垢，然後比以前有了那麼一點點的長進——它就是這麼個老掉牙的故事。

不論我是生是死，幾千萬的負債還與不還，明天還是會來，太陽一樣昇起，東京的街道還是會一如往常地運作。

在這個都會的天空下，還是有許許多多的人過著為錢煩惱的生活。

就算再怎麼老掉牙，我還是將它寫了出來，只希望它能為那些終日為錢煩惱、夜不成眠的人帶來跨越眼前障礙的希望，以及活下去的勇氣與活力。

因此，我寫這本書時沒有使用任何以旁觀者自居的傲慢語句，而是像個笨蛋似地拚命寫出種種自揭瘡疤的內容。

當寫到這本書的後段，來到東京後的種種回憶被一一喚醒，這時，我的眼淚不聽使喚地掉了下來，滲進了電腦的螢幕裡。不過我毫不在意，依舊拚命地敲著鍵盤。

雖然我一開始想寫的是「有道理可循的億萬富翁養成法」，但寫到一半這本書卻成了我的回憶錄。

如果覺得這不像我平常寫的文章，那是因為我當時正沈浸在自己的回憶裡，還望大家體諒。

如果你身邊有人正煩惱不已的話，請務必介紹他讀這本書。

這是我唯一的請託。

今日我已懂得金錢的滋味……。

金森重樹

這是真實的故事。書中的人物、團體、地名等等都是實際存在的，書中所寫的內容都是依據當時的裁判記錄及筆記本上的記錄。因種種理由而無法公開的人名，在書中都以簡稱來代替。

國家圖書館出版品預行編目資料

金錢的滋味 / 金森重樹著.
臺北市 ： 文經社, 2010. 05
面 ； 公分 -- （文經文庫 ； A259）
ISBN 978-957-663-606-6（平裝）

1. 借貸　1. 成功法
584.386　99004464

文經社

文經文庫 A259
金錢の滋味

著 作 人 — 金森重樹
發 行 人 — 趙元美
社　　長 — 吳榮斌
主　　編 — 林麗文
美術設計 — 劉玲珠
出 版 者 — 文經出版社有限公司
登 記 證 — 新聞局局版台業字第2424號
<總社・編輯部>：
地　　址 — 104 台北市建國北路二段66號11樓之一（文經大樓）
電　　話 — （02）2517-6688（代表號）
傳　　真 — （02）2515-3368
E-mail — cosmax.pub@msa.hinet.net
<業務部>：
地　　址 — 241 台北縣三重市光復路一段61巷27號11樓A（鴻運大樓）
電　　話 — （02）2278-3158・2278-2563
傳　　真 — （02）2278-3168
E-mail — cosmax27@ms76.hinet.net
郵撥帳號 — 05088806文經出版社有限公司
新加坡總代理 — Novum Organum Publishing House Pte Ltd.　TEL:65-6462-6141
馬來西亞總代理 — Novum Organum Publishing House (M) Sdn. Bhd.　TEL:603-9179-6333
印 刷 所 — 通南彩色印刷有限公司
法律顧問 — 鄭玉燦律師（02）2915-5229
發 行 日 — 2010年 5 月 第一版　第 1 刷

定價 / 新台幣 240 元　Printed in Taiwan
缺頁或裝訂錯誤請寄回本社<業務部>更換。

文經社網址：http://www.cosmax.com.tw/
或「博客來網路書店」查詢文經社。